博雅国际汉语精品教材

短期汉语听说教程

下册（第二版）

Short-term Listening and Speaking Chinese Course II

(Second Edition)

梁湘如　盖珺　主编

图书在版编目(CIP)数据

短期汉语听说教程.下册/梁湘如,盖珺主编.—2版.—北京:北京大学出版社,2020.9
博雅国际汉语精品教材
ISBN 978-7-301-31584-2

Ⅰ.①短… Ⅱ.①梁…②盖… Ⅲ.①汉语—听说教学—对外汉语教学—教材 Ⅳ.①H195.4

中国版本图书馆CIP数据核字(2020)第166415号

书　　　名	短期汉语听说教程　下册(第二版)
	DUANQI HANYU TINGSHUO JIAOCHENG XIACE (DI-ER BAN)
著作责任者	梁湘如　盖　珺　主编
责任编辑	宋立文
标准书号	ISBN 978-7-301-31584-2
出版发行	北京大学出版社
地　　　址	北京市海淀区成府路205号　100871
网　　　址	http://www.pup.cn　新浪微博:@北京大学出版社
电子信箱	zpup@pup.cn
电　　　话	邮购部 010-62752015　发行部 010-62750672　编辑部 010-62753374
印　刷　者	北京宏伟双华印刷有限公司
经　销　者	新华书店
	787毫米×1092毫米　16开本　19.5印张　340千字
	2007年11月第1版
	2020年9月第2版　2020年9月第1次印刷
定　　　价	78.00元

未经许可,不得以任何方式复制或抄袭本书之部分或全部内容。
版权所有,侵权必究
举报电话:010-62752024　电子信箱:fd@pup.pku.edu.cn
图书如有印装质量问题,请与出版部联系,电话:010-62756370

第二版前言

《短期汉语听说教程》上下册出版于2006年,十多年来多次印刷,受到使用者的好评。大家一致认为这套教材内容和形式都符合外国学生的实际需要,实用性较强。教程每一课具有三个不同的层次,分别配有听、说练习,可以使学习者在短期内迅速强化听、说汉语的能力,因此,本教材可供不同层次和需要的汉语学习者使用。

此次修订的一个重要方面,是词语的去旧加新。随着中国社会的发展,科技水平不断提高,人们的生活发生了很多变化,产生了许多新事物、新词汇。本着与时俱进的原则,我们对全书作了修改,主要是去掉一些过时的词语,如:电话磁卡、平信、挂号信、录音带等,加入一些现在流行或常用的词语,如:网购、高铁、微信、支付宝等,并针对性地对某些课文和练习作了比较大的改动。

由于我们水平有限,这次修订仍难免会有一些不足之处,敬请使用者提出宝贵意见,以便将来有机会进一步充实和提高。

编写说明

本教材是编写教师根据多年教学经验总结编写的一套短期汉语强化教材。教材的编写本着结构、功能、文化相结合的原则,以话题作为主要手段,功能意念作为辅助手段,选取留学生关心和感兴趣的话题作为内容,以刚来中国的外国人经常碰到的交际场合为背景。

本教材分上下两册,共由 21 个话题组成,上册 10 个,下册 11 个,一个话题即一课。每课分为三个部分,每部分适合一种层次的学生使用:零起点的学生、掌握了四百个左右词语的学生、掌握了八百个左右词语的学生。这样划分,是为照顾不同水平的学生根据各自不同的情况自由选择,零起点的学生可以在学完教材的第一部分后,继续第二和第三部分的学习,而高一层次的学生也可以返回前一部分复习。教师则可以根据学生的不同情况随时调整教学内容。每一部分的课文后边配有注释,注释后边根据口语表达的灵活性、多样性,附加一个"相似说法",即同一语意的不同表达形式,供学习者参考。

本书的练习分为口语练习和听力练习。练习题力求做到由浅入深,从易到难,反复强化,以达到在短时间内提高听说能力的目的。为使学习者在学习听说的同时了解一些交际文化知识,每课后边有一篇与话题相关的中国文化的文字材料,供较高水平的学生参考。

全套教材力求做到选材合理,语言生动有趣,实用性强。零起点部分的生词尽量使用甲级词。课文和练习的语言尽量使用地道的口语,注释部分的解释语言则尽量使用浅易的书面语。

编者分工如下:

余新晴:上册第一课,第二课;下册第十课

梁湘如:上册第三课,第六课,第八课

苏瑞卿:上册第四课,第五课;下册第二课

马宇菁：上册第七课；下册第一课

盖　珺：上册第九课；下册第八课

张如芳：上册第十课；下册第十一课

李　丛：下册第三课，第四课

宋　杨：下册第五课

胡　丹：下册第六课，第七课

傅海峰：下册第九课

　　本教材编写过程中得到辽宁师范大学对外汉语学院领导的大力支持，周玉兰老师为教材的编写提供了许多宝贵资料。大连东软信息学院的戚洁老师在教材的策划和审稿中提出了很多宝贵的意见和建议。在此一并致以衷心的感谢。

编　者

目 录

CONTENTS

第一课　理　发　Lesson 1　Haircut ……………………………………（ 1 ）
　课文（一）　　Text 1 ………………………………………………………（ 1 ）
　课文（二）　　Text 2 ………………………………………………………（ 8 ）
　课文（三）　　Text 3 ………………………………………………………（ 15 ）
　中国文化点滴　Chinese culture snack …………………………………（ 23 ）

**第二课　买手机卡　打电话　Lesson 2　Buy a cell phone card
　　　　　　　　　　　　　　　　　　and make a phone call** ………（ 24 ）
　课文（一）　　Text 1 ………………………………………………………（ 24 ）
　课文（二）　　Text 2 ………………………………………………………（ 32 ）
　课文（三）　　Text 3 ………………………………………………………（ 39 ）
　中国文化点滴　Chinese culture snack …………………………………（ 48 ）

第三课　看　病　Lesson 3　See a doctor ………………………………（ 49 ）
　课文（一）　　Text 1 ………………………………………………………（ 49 ）
　课文（二）　　Text 2 ………………………………………………………（ 55 ）
　课文（三）　　Text 3 ………………………………………………………（ 62 ）
　中国文化点滴　Chinese culture snack …………………………………（ 70 ）

第四课　汉语学习　Lesson 4　Study Chinese …………………………（ 71 ）
　课文（一）　　Text 1 ………………………………………………………（ 71 ）
　课文（二）　　Text 2 ………………………………………………………（ 77 ）
　课文（三）　　Text 3 ………………………………………………………（ 83 ）
　中国文化点滴　Chinese culture snack …………………………………（ 92 ）

第五课　唱中国歌　听中国音乐　Lesson 5　Sing Chinese song
　　　　　　　　　　　　　　　　and listen to Chinese music ………(93)
　　课文（一）　Text 1 ……………………………………………………(93)
　　课文（二）　Text 2 ……………………………………………………(99)
　　课文（三）　Text 3 ……………………………………………………(106)
　　中国文化点滴　Chinese culture snack ……………………………(115)

第六课　过周末　Lesson 6　Spend the weekend …………………(116)
　　课文（一）　Text 1 ……………………………………………………(116)
　　课文（二）　Text 2 ……………………………………………………(121)
　　课文（三）　Text 3 ……………………………………………………(127)
　　中国文化点滴　Chinese culture snack ……………………………(134)

第七课　谈运动　Lesson 7　Talk about the sports …………………(135)
　　课文（一）　Text 1 ……………………………………………………(135)
　　课文（二）　Text 2 ……………………………………………………(141)
　　课文（三）　Text 3 ……………………………………………………(147)
　　中国文化点滴　Chinese culture snack ……………………………(154)

第八课　订房间　去旅游　Lesson 8　Book a room and go
　　　　　　　　　　　　　　　　to travel ……………………………(155)
　　课文（一）　Text 1 ……………………………………………………(155)
　　课文（二）　Text 2 ……………………………………………………(161)
　　课文（三）　Text 3 ……………………………………………………(168)
　　中国文化点滴　Chinese culture snack ……………………………(176)

第九课　旅游　Lesson 9　Travel ………………………………………(177)
　　课文（一）　Text 1 ……………………………………………………(177)
　　课文（二）　Text 2 ……………………………………………………(184)
　　课文（三）　Text 3 ……………………………………………………(192)
　　中国文化点滴　Chinese culture snack ……………………………(201)

目录
CONTENTS

第十课　谈出国　Lesson 10　Talk about going abroad ……………（202）

　课文（一）　Text 1 ………………………………………………（202）

　课文（二）　Text 2 ………………………………………………（208）

　课文（三）　Text 3 ………………………………………………（215）

　中国文化点滴　Chinese culture snack ………………………（223）

第十一课　送别　Lesson 11　See sb. off ………………………（224）

　课文（一）　Text 1 ………………………………………………（224）

　课文（二）　Text 2 ………………………………………………（229）

　课文（三）　Text 3 ………………………………………………（237）

　中国文化点滴　Chinese culture snack ………………………（249）

听力录音文本　Recording script …………………………………（250）

生词总表　Vocabulary ……………………………………………（299）

第一课 理 发

Lesson 1 Haircut

课文（一）
Text 1

理发师：请 进！要 理发 吗？
Lǐfàshī： Qǐng jìn! Yào lǐ fà ma?

李 丽：对，要 等 很 长 时间 吗？
Lǐ Lì： Duì, yào děng hěn cháng shíjiān ma?

理发师：不用，一会儿 就 可以。您 是 剪 发 还是 做 头发？
Lǐfàshī： Búyòng, yíhuìr jiù kěyǐ. Nín shì jiǎn fà háishi zuò tóufa?

李 丽：剪 头发。
Lǐ Lì： Jiǎn tóufa.

理发师：那 请 先 洗洗 头 吧。
Lǐfàshī： Nà qǐng xiān xǐxi tóu ba.

（过了 一会儿）
(Guòle yíhuìr)

李 丽：这边 好像 有点儿 长。
Lǐ Lì： Zhèbian hǎoxiàng yǒudiǎnr cháng.

理发师：您 看 这样 行 吗？
Lǐfàshī： Nín kàn zhèyàng xíng ma?

李 丽：现在 可以 了，谢谢！多少 钱？
Lǐ Lì： Xiànzài kěyǐ le, xièxie! Duōshao qián?

理发师：六十八 块。您 这 是 一百 块，找 您 三十二 块。
Lǐfàshī： Liùshíbā kuài. Nín zhè shì yìbǎi kuài, zhǎo nín sānshí'èr kuài.
　　　　 欢迎 您 下次 光临！
　　　　 Huānyíng nín xià cì guānglín!

生词 New words

1. 理发　　　　　　　　lǐ fà　　　　　　　　have a haircut
2. 理发师　　　　　　　lǐfàshī　　　　　　　barber
3. 请进　　　　　　　　qǐng jìn　　　　　　Come in，please!
4. 剪发　　　　　　　　jiǎn fà　　　　　　　have one's hair cut
5. 做头发　　　　　　　zuò tóufa　　　　　　do one's hair
6. 洗头　　　　　　　　xǐ tóu　　　　　　　wash one's hair
7. 好像　　　　　　　　hǎoxiàng　　　　　　as if
8. 行　　　　　　　　　xíng　　　　　　　　be all right
9. 欢迎　　　　　　　　huānyíng　　　　　　to welcome
10. 光临　　　　　　　 guānglín　　　　　　presence (of a guest)

第一课　　理　发
Lesson 1　　Haircut

注释 Notes

一、语言要点 （Grammar points）

1. "……还是……"

表示要求在二者之间进行选择，多用于疑问句。如：

"还是"means"or"，is often used to choose and often used in interrogative sentences. For example：

(1) 你要喝啤酒还是饮料？(Nǐ yào hē píjiǔ háishi yǐnliào?　Do you want a beer or a drink?)

(2) 你要剪发还是做头发？(Nǐ yào jiǎn fà háishi zuò tóufa?　Do you want to have your hair cut or done?)

(3) 你要去中国还是去日本？(Nǐ yào qù Zhōngguó háishi qù Rìběn? Do you want to go to China or Japan?)

2. "先……"

表示时间顺序在前面。如：

"先……"means first. For example：

(1) 你先洗一下头发。(Nǐ xiān xǐ yíxià tóufa.　First to get your hair washed.)

(2) 你先等一下我。(Nǐ xiān děng yíxià wǒ.　First to wait me a moment.)

(3) 我先取一下钱。(Wǒ xiān qǔ yíxià qián.　First to go to draw some money.)

(4) 我先买一下票。(Wǒ xiān mǎi yíxià piào.　First to buy a ticket.)

二、相似说法 （The similar expressions）

1. 要理发吗？

(1) 理发吗？

(2) 您想理发吗？

2.这边好像有点儿长。
  (1)这边好像长了一点儿。
  (2)好像这边有点儿长。

口语练习 Speaking exercises

一、用正确的语调朗读下面的句子

(Read the following sentences in correct intonation loudly)

1.请进！要理发吗？
2.您是剪发还是做头发？
3.您看这样行吗？
4.现在可以了,谢谢！多少钱？

二、替换练习 **(Substitution drills)**

1.请进！要理发吗？

| 剪头发 |
| 做头发 |
| 洗头 |
| 染发 |

2.请先洗洗头。

| 等等 |
| 读课文 |
| 坐坐 |
| 休息休息 |

3.欢迎您下次光临。

| 再来 |
| 光顾 |

第一课　　理　发
Lesson 1　　Haircut

三、用所给的词语完成对话
(Complete the following dialogues with the given words)

1. 理发师：_____？（……还是……）
   大　卫：剪发。

2. 理发师：_____？（要……吗）
   大　卫：不用，我刚洗过头。

3. 理发师：您看_____？（行吗）
   大　卫：可以。

四、把下面的词语整理成句子
(Make up sentences with the following words)

1. 理发　要　请问　您　吗
   _____

2. 还是　剪发　做头发　您　是
   _____

3. 洗一下　您　先　头发　好吗
   _____

4. 长　好像　有点儿　这边
   _____

五、讨论　**(Discussion)**

1. 在中国，你去过理发店吗？剪发还是做头发？
   (Have you ever been to a barbershop in China? Did you cut or do your hair?)

2. 你对理发师做的头发满意吗？

（Were you pleased with your hair the barber did?）

3. 你觉得价格合适吗？（What do you think about the price of haircut?）

六、看图说话 （Tell a story based on the following picture）

听力练习 Listening exercises

一、听录音，选择正确答案 （Listen and choose the right answers）

1. 女的要做什么？

　　A. 理发　　　B. 做头发　　　C. 烫发　　　D. 染发

2. 女的想洗头发吗？

　　A. 想　　　B. 不清楚　　　C. 不想　　　D. 随便

3. 女的要做什么？

　　A. 烫发　　　B. 洗头发　　　C. 做头发　　　D. 剪发

第一课　　理 发
Lesson 1　　Haircut

二、听录音,判断正误
(True or false based on the following statements you heard)
1. 今天是我第一次去中国的美发厅。(　　)
2. 理发师先给我洗头。(　　)
3. 理发师给我剪了一下头发。(　　)
4. 理发很便宜,一共十五元钱。(　　)
5. 我对剪的头发不满意。(　　)

三、听录音,找出你听到的词语　　**(Listen and underline the words you heard)**
1. A. 理发　　　B. 剪发　　　C. 染发　　　D. 烫发
2. A. 做头发　　B. 理发　　　C. 染发　　　D. 烫发
3. A. 好不好　　B. 行吗　　　C. 可以吗　　D. 好吗

四、听录音,选择正确答案　　**(Listen and choose the right answers)**
1. 男的是干什么的?
　　A. 售货员　　B. 理发师　　C. 美容师　　D. 服务员

2. 女的要做什么?
　　A. 染发　　　B. 剪发　　　C. 烫发　　　D. 做头发

五、听录音,填空　　**(Listen and fill in the blanks)**
1. 欢迎光临!你想要_____吗?
2. 你想要_____还是_____?
3. 您看这样_____?

六、听录音,整理句子　　**(Listen and put the following sentences in order)**
① 理发师很好
② 理发的人很多
③ 学校旁边的理发店很干净
④ 价钱也不贵

_____

课文（二）
Text 2

理发师：欢迎光临！要做头发吗？

玛　丽：对！我想先剪一下，再做个发型。

理发师：好的，请先去洗一下头。

（玛丽洗完头，坐下）

理发师：您想剪多长？

玛　丽：稍剪一点儿就行了。

理发师：好的。

（过了一会儿）

理发师：您看这样可以吗？是不是再剪短点儿？

玛　丽：不用了，这样可以了。

理发师：您要做什么样的发型？烫发还是盘发？

玛　丽：做个简单的盘发吧，就和这张照片的一样。

（又过了一会儿）

理发师：您看怎么样？

玛　丽：挺好，谢谢，多少钱？

理发师：剪发六十八块，盘发四十块，一共一百零八块钱。

玛　丽：刷卡行不行？

理发师：对不起，今天刷卡机坏了，刷不了卡。您可以用手机支付或现金。

第一课　　理　发
Lesson 1　　Haircut

玛　　丽：那我用支付宝吧。
理发师：好的，谢谢。走好，欢迎您下次再来。

生词 New words

1. 再	zài	conj., indicating that one action occurs after another ends
2. 发型	fàxíng	hair style; hairdo
3. 稍	shāo	a little; a bit
4. 烫发	tàng fà	to perm
5. 盘发	pán fà	coil one's hair
6. 简单	jiǎndiān	simple
7. 刷卡机	shuākǎjī	POS

注释 Notes

一、语言要点　（Grammar points）
　　1. "要……吗？"
　　　　用于征求对方意见。如：
　　　　(1) 要剪发吗？
　　　　(2) 要饮料吗？
　　　　(3) 要出去吗？
　　　　(4) 要填这张表吗？
　　　　(5) 要用汉语写吗？

2. "我想先剪一下"
   "动词+一下"表示时间短或容易做。如：
   (1)请等我一下。
   (2)洗一下就干净了。
   (3)看一下就知道了。

3. "先……再……"
   用这个结构连接两个顺序上相连的动作。如：
   (1)先洗一下头再剪吧。
   (2)先洗手再吃东西。
   (3)先热一下再喝。
   (4)先复习再写作业。

二、相似说法 （The similar expressions）

1. 先剪一下,再做个发型。
   (1)首先剪一下,然后做个发型。
   (2)剪一下,再做个发型。

2. 您想剪多长？
   (1)您想剪多少？
   (2)您想留多长？
   (3)您想剪到哪儿？

3. 稍剪一点儿就行了。
   (1)稍剪一下就行了。
   (2)稍稍剪一剪就可以了。
   (3)稍微剪剪就好了。

4. 做个简单的盘发吧。
   (1)简单盘一下就行了。
   (2)盘个简单的发型就可以了。

第一课　理发
Lesson 1　Haircut

口语练习 Speaking exercises

一、用正确的语调朗读下面的句子
（Read the following sentences in correct intonation loudly）

1. 我想先剪一下，再做个发型。
2. 稍剪一点儿就行了。
3. 您要做什么样的？烫发还是盘发？
4. 做个简单的盘发吧。
5. 您看怎么样？

二、替换练习　（Substitution drills）

1. 我想先剪一下，再做个发型。

洗一下	烫发
洗一洗	剪短点儿
染发	盘发
剪剪	染染

2. 您想剪多长？

| 做个什么样的 |
| 要什么式样的 |
| 盘个什么样的 |
| 要什么颜色的 |

3. 稍剪一点儿就行了。

| 盘个简单的式样 |
| 染个黄色的 |
| 说慢点儿 |
| 往前走，向右一拐 |

4. 您看这样可以吗？

| 行吗 |
| 好看吗 |
| 怎么样 |
| 不错吧 |

三、用所给的词语完成对话

(Complete the following dialogues with the given words)

1. 理发师：您想烫发还是盘发？
   王　兰：先_____，然后_____。（洗一洗，盘发）

2. 理发师：请先过去_____。（洗一下，再）
   王　兰：好的。

3. 理发师：您要做_____？烫发_____盘发？（什么样，还是）
   王　兰：做个简单的盘发吧。

4. 王　兰：多少钱？
   理发师：_____。（剪发，盘发，一共）

四、把下面的词语整理成句子

(Make up sentences with the following words)

1. 剪　您　多长　想
   _____

2. 手机　您　用　支付　可以
   _____

3. 先　剪一下　想　我　再　做个发型
   _____

4. 剪一剪　就行了　稍
   _____

五、讨论　**(Discussion)**

1. 你们国家的理发店与中国的有什么不同？

第一课　理发
Lesson 1　Haircut

2. 你每次去理发店喜欢在那里洗头吗？
3. 在理发店做头发时，你听理发师的建议吗？

六、用下列词语编故事 （Make up a story by using the following words）
做头发　先洗一下　剪多长　稍稍　可以　吗　烫发
怎么样　刷卡

听力练习 Listening exercises

一、听录音，选择正确答案 （Listen and choose the right answers）

1. 女的一共要付多少钱？
   A. 十二元　　　　B. 八十八元
   C. 三十八元　　　D. 五十元

2. 他们的谈话可能发生在什么地方？
   A. 商店　　　　　B. 理发店
   C. 饭店　　　　　D. 家里

3. 女的是什么态度？
   A. 不清楚　　　　B. 不高兴
   C. 很满意　　　　D. 很生气

二、听录音，判断正误
（True or false based on the following statements you heard）

1. 明天我们班有个晚会。（　　）
2. 我没上课就去了理发店。（　　）
3. 理发师没给我洗头。（　　）

4. 我让理发师给我盘个简单的样式。（　　）

5. 我对盘的头发很满意。（　　）

三、听录音，找出你听到的词语　(Listen and underline the words you heard)

1. A. 理　　　　B. 剪　　　　C. 做　　　　D. 烫
2. A. 可以　　　B. 好　　　　C. 行　　　　D. 是
3. A. 还是　　　B. 或者　　　C. 或　　　　D. 或是
4. A. 不错　　　B. 可以　　　C. 挺好　　　D. 还行

四、听录音，选择正确答案　(Listen and choose the right answers)

1. 问1：女的要付多少钱？

　A. 四十五元　B. 七十元　C. 一百八十元　D. 一百八十三元

　问2：女的对理发师做的头发满意吗？

　A. 还可以　　B. 不满意　　C. 不清楚　　D. 很满意

2. 女的要盘什么样的头发？

　A 烫一下再盘　　　　　B. 盘简单的样式

　C. 让理发师决定　　　　D. 简单剪一下

五、听录音，填空　(Listen and fill in the blanks)

1. 您_____洗一下头。
2. 我想_____剪一下，_____盘发。
3. 烫发_____盘发？
4. 您看这样_____吗？

六、听录音，整理句子　(Listen and put the following sentences in order)

① 校门口新开了一家美发厅

② 我挺满意的

③ 我等了半个多钟头

第一课　理发
Lesson 1　Haircut

④ 人很多
⑤ 先剪短了点儿，又盘了一下

课文（三）
Text 3

理发师：请进。你们要做头发吗？
李美英：我要染头发，染成彩色的。她是陪我来的。
理发师：（对李美英）您先洗一下头。（对安妮）请您那边儿坐。
李美英：我来之前已经洗过了，还用再洗吗？
理发师：啊，那就不用洗了，您坐下吧，要什么颜色的？酒红色的怎么样？今年挺流行的。
李美英：我不喜欢红色，还是我原来的黄色吧。

（过了一会儿）

理发师：您看这颜色怎么样？
李美英：我觉得有点儿浅了。（对安妮）你说呢？
安　妮：我看还行，挺好看的。
理发师：这种颜色挺适合您的。

（做完后）

李美英：一共多少钱？
理发师：一百八。我们这儿可以刷卡，也可以用微信付钱。
李美英：我今天带着钱呢，我交现金吧。
理发师：这是找您的钱，请慢走，欢迎您再来。

生词 New words

1. 染　　　rǎn　　　　to dye
2. 成　　　chéng　　　turn into
3. 彩色　　cǎisè　　　colour
4. 陪　　　péi　　　　to accompany
5. 不用　　búyòng　　 need not; unnecessary
6. 酒红色　jiǔhóngsè　colour of wine-red
7. 流行　　liúxíng　　popular
8. 浅　　　qiǎn　　　 light
9. 现金　　xiànjīn　　cash

注释 Notes

一、语言要点　(Grammar points)

1. "……之前"

意思同"……以前",但是比较正式。如:

(1)我来之前已经洗过头了。

(2)写作业之前先看看书。

(3)吃饭之前先洗洗手。

(4)去之前先打个电话。

(5)休息之前先吃片药。

第一课　理　发
Lesson 1　Haircut

2. "动词＋过"

表示这个动作已完成。如：

(1) 我洗过头了。

(2) 我洗过澡了。

(3) 我不吃了，吃过了。

(4) 我看过这部电影了。

3. "我觉得……"

用于表达说话人的观点，口语中常用，意思是"我想……""我认为……"。如：

(1) 我觉得这头发颜色有点儿浅了。

(2) 我觉得汉语太难了。

(3) 我觉得今天太冷了。

(4) 我觉得饺子不好包。

4. "……还行"

意思是"……还可以""……不错"。如：

(1) 甲：你看这颜色怎么样？

　　乙：还行。

(2) 甲：你尝尝这菜怎么样？

　　乙：还行。

(3) 甲：我觉得汉语挺难的，你呢？

　　乙：我觉得还行。

二、相似说法　(The similar expressions)

1. 我来之前已经洗过了，还用再洗吗？

(1) 我洗过了，不用再洗了吧？

(2) 我刚洗完，不用洗了吧？

2. 我觉得有点儿浅了。

　　(1)我觉得再深点儿就好了。

　　(2)我认为再深点儿就更好了。

3. 这种颜色挺适合您的。

　　(1)这颜色对您挺合适的。

　　(2)您染这颜色挺好的。

口语练习 Speaking exercises

一、用正确的语调朗读下面的句子

(Read the following sentences in correct intonation loudly)

1. 要什么颜色的？酒红色的怎么样？今年挺流行的。
2. 我不喜欢红色，还是我原来的黄色吧。
3. 您看这颜色怎么样？
4. 我觉得有点儿浅了。你说呢？
5. 这种颜色挺适合您的。

二、替换练习 （Substitution drills）

1. 我来之前已经<u>洗过</u>了。

| 吃过饭 |
| 看过这部片子 |
| 学过两年汉语 |
| 听过这种说法 |

第一课　理　发
Lesson 1　Haircut

2. 我不喜欢红色,还是我原来的黄色吧。

爱听古典音乐	听流行乐
爱吃太咸的	淡点儿
喜欢喝冰水	来点儿热茶
爱读课文	听听新闻

3. 我觉得有点儿浅了。

| 酒红色挺适合您 |
| 很不错 |
| 正合适 |
| 太红了 |

4. 我看还行,挺好看的。

| 不错 |
| 漂亮 |
| 合适 |

三、用所给的词语完成对话

(Complete the following dialogues with the given words)

1. 理发师:您要做头发吗?
   李美英:我_____。(想,一下,染头发)

2. 李美英:我觉得颜色有点儿浅了。你说呢?
   安　妮:_____。(还行,适合)

3. 理发师:请先过去洗一洗头吧。
   大　卫:_____。(……之前)

四、把下列词语整理成句子 （Make up sentences with the following words）

1. 之前　我　已经　洗过　来　了
   _____

2. 颜色的　要　什么
   _____

3. 流行　这种颜色　今年　挺
   _____

4. 颜色　我　觉得　浅了　这
   _____

5. 钱　您的　这是　找
   _____

五、讨论 （Discusssion）

1. 你喜欢什么式样的头发？为什么？
2. 你认为染头发对健康有没有影响？
3. 你做头发时喜欢与人聊天儿还是自己看手机？
4. 你认为一个人头发的颜色与他的性格有联系吗？

六、用下列词语编故事 （Make up a story by using the following words）

染发　陪　先洗一下　洗过了　什么　怎么样　流行
……还是……　有点儿　不行　适合　多少钱　刷卡　再来

第一课　　理发
Lesson 1　　Haircut

听力练习 Listening exercises

一、听录音,选择正确答案　（Listen and choose the right answers）

1. 女的是什么意思?
   A. 颜色有点儿浅　　　　　B. 颜色不够浅
   C. 不喜欢这种颜色　　　　D. 不喜欢深色

2. 女的是什么语气?
   A. 恳求　　　B. 怀疑　　　C. 询问　　　D. 赞美

3. 女的是什么意思?
   A. 她不喜欢红色,喜欢黄色　　B. 她不喜欢黄色,喜欢红色
   C. 她不知道哪种颜色好看　　　D. 她喜欢以前的红色

二、听录音,判断正误

（True or false based on the following statements you heard）

1. 为了参加元旦晚会,我去了理发店。（　　）
2. 进了理发店,理发师让我自己洗了头。（　　）
3. 理发师把我的头发剪短了一些。（　　）
4. 我把头发染成了黄色,又烫了一下。（　　）
5. 做好后,我对自己的发型很满意。（　　）

三、听录音,填空　（Listen and fill in the blanks）

1. 我要_____个黄色的头发,她是_____我来的。
2. 我来_____已经洗_____头了,还_____洗吗?
3. 酒红色_____?今年挺_____的。
4. 我觉得有点儿_____了。

5. 请慢走！欢迎您_____。

四、听录音,选择正确答案 (Listen and choose the right answers)

1. 女的想洗头吗？
   A. 随便　　　B. 不想　　　C. 想　　　D. 不清楚

2. 男的建议女的染什么颜色的头发？
   A. 红色　　　B. 不知道　　C. 酒色　　D. 酒红色

3. 女的不喜欢什么颜色？她要什么颜色？
   A. 红色,黄色　　　　　　B. 黄色,红色
   C. 不清楚　　　　　　　D. 酒色,红色

五、听录音,填空 (Listen and fill in the blanks)

1. 酒红色的怎么样？看着_____,今年挺_____的。
2. 我来_____已经洗_____头了。
3. 这颜色我觉得_____浅,正_____。
4. 这个颜色_____适合您的。

六、听录音,整理句子 (Listen and put the following sentences in order)

① 再洗洗头,吹一下风
② 我说上面长一点儿,两边剪短点儿
③ 我对那些不感兴趣
④ 我告诉理发师稍微剪一下
⑤ 理发师问我是不是照原样理
⑥ 理发师说现在年轻人流行染发,剪短发
⑦ 洗完吹干就行

_____

第一课 理发
Lesson 1 Haircut

补充生词
(Supplementary new words)

1. 染发	rǎn fà	have one's hair dyed
2. 光顾	guānggù	presence of a guest
3. 美发厅	měifàtīng	barbershop
4. 理发店	lǐfàdiàn	barbershop
5. 干净	gānjìng	clean
6. 式样	shìyàng	style
7. 吹风	chuī fēng	dry (hair) with a blower
8. 照	zhào	according to
9. 原样	yuányàng	former style

中国文化点滴
(Chinese culture snack)

　　以前，中国人理发很简单，就是把头发剪短一些，女人的头发也只是烫成波浪型的。

　　现在，随着生活水平的提高，人们的审美也发生了很大的变化。光理发店的名字就有好多种，什么美发厅、发型设计中心、发廊等等。为了适应人们的多种要求，美发技术及手段也日益繁多。

　　如果你仔细观察，会发现如今街上的中国人，特别是年轻人，他们头发的颜色和式样正如我们的生活一样，五颜六色，丰富多彩。

第二课　买手机卡　打电话

Lesson 2　Buy a cell phone card and make a phone call

课文 (一)　Text 1

马　克：请问，这儿是卖手机卡的吧？
Mǎkè：Qǐngwèn, zhèr shì mài shǒujīkǎ de ba?

服务员：对,你要哪种？有打电话便宜的,还有上网
Fúwùyuán：Duì, nǐ yào nǎ zhǒng? Yǒu dǎ diànhuà piányi de, háiyǒu shàng wǎng
　　　　　便宜的。
　　　　　piányi de.

马　克：我要上网便宜的,可以用微信,发电子邮件。
Mǎkè：Wǒ yào shàng wǎng piányi de, kěyǐ yòng wēixìn, fā diànzǐ yóujiàn.

服务员：好的,带护照了吗？
Fúwùyuán：Hǎo de, dài hùzhào le ma?

马　克：带了。这卡是不是一插就可以用了？
Mǎkè：Dài le. Zhè kǎ shì bu shì yì chā jiù kěyǐ yòng le?

第二课　买手机卡　打电话
Lesson 2　Buy a cell phone card and make a phone call

服务员：对。明天正好是月初，开始扣钱。
Fúwùyuán: Duì. Míngtiān zhènghǎo shì yuèchū, kāishǐ kòu qián.

马　克：这种卡可以往国外打吗？
Mǎkè: Zhè zhǒng kǎ kěyǐ wǎng guówài dǎ ma?

服务员：不能，往国外打电话，你可以用微信啊，又
Fúwùyuán: Bù néng, wǎng guówài dǎ diànhuà, nǐ kěyǐ yòng wēixìn a, yòu

　　　　方便又不花钱。
　　　　fāngbiàn yòu bù huā qián.

马　克：哦，明白了。谢谢您。
Mǎkè: Ò, míngbai le. Xièxie nín.

服务员：不客气。
Fúwùyuán: Bú kèqi.

生词 New words

1. 手机卡　　　shǒujīkǎ　　　　cell phone card
2. 打电话　　　dǎ diànhuà　　　make a phone call
3. 上网　　　　shàng wǎng　　　surf online
4. 发　　　　　fā　　　　　　　send out; to deliver
5. 电子邮件　　diànzǐ yóujiàn　E-mail
6. 护照　　　　hùzhào　　　　　passport
7. 插　　　　　chā　　　　　　　stick in
8. 月初　　　　yuèchū　　　　　the beginning of a month
9. 扣钱　　　　kòu qián　　　　to charge
10. 国外　　　　guówài　　　　　abroad; overseas
11. 哦　　　　　ò　　　　　　　　all right

注释 Notes

一、语言要点 （Grammar points）

1. "这儿是卖手机卡的吧？"

"主语＋是＋动/形/名＋的"表示归类。如：

"Subject ＋ 是＋verb/adjective/noun＋的" means "to classify". For example：

(1) 这辆汽车是自动的。（Zhè liàng qìchē shì zìdòng de. This car is automatic.）

(2) 他的大衣是很流行的。（Tā de dàyī shì hěn liúxíng de. His overcoat is very popular.）

(3) 这些东西是我买的。（Zhèxiē dōngxi shì wǒ mǎi de. I bought these things.）

(4) 这个面包是巧克力的。（Zhège miànbāo shì qiǎokèlì de. This bread is made by chocolate.）

2. "一插就可以用了。"

"一……就……"表示一种动作或情况出现后紧接着另一种动作或情况发生或出现。如：

"一……就……" indicates that one action follows another one immediately. For example：

(1) 她一看就会了。（Tā yí kàn jiù huì le. She understood it at a glance.）

(2) 你一听就明白。（Nǐ yì tīng jiù míngbai. You will know it as soon as you listen.）

(3) 你一学就明白。（Nǐ yì xué jiù míngbai. You will understand as soon as you learn.）

第二课　买手机卡　打电话
Lesson 2　Buy a cell phone card and make a phone call

(4)她一抬头就看见了。(Tā yì tái tóu jiù kànjian le.　She saw it as soon as she raised her head.)

3."可以往国外打吗?"

"往"表示方向。如：

"往"means "to, towards". For example：

(1)往北京开车(wǎng Běijīng kāi chē　drive the car to Beijing)

(2)往垃圾箱里扔东西(wǎng lājīxiāng li rēng dōngxi　throw the rubbish to the dustbin)

(3)往书上写汉字(wǎng shū shang xiě Hànzì　write the Chinese characters in the book)

(4)往家里拿钱(wǎng jiā li ná qián　take the money to the family)

(5)往窗外看一下(wǎng chuāngwài kàn yíxià　look out of the window)

二、相似说法　(The similar expressions)

1. 这儿是卖手机卡的吧?

   (1)这儿是不是卖手机卡的?

   (2)这儿是卖手机卡的不是?

   (3)这儿是卖手机卡的,是不是?

2. 一插就可以用了。

   (1)插上后就可以用了。

   (2)插上就可以用了。

   (3)先插上卡,然后就可以用了。

   (4)插上卡后,就可以用了。

口语练习 Speaking exercises

一、用正确的语调朗读下面的句子
（Read the following sentences in correct intonation loudly）

1. 这儿是卖手机卡的吧？
2. 有打电话便宜的，还有上网便宜的。
3. 一插就可以用了。
4. 往国外打电话，你可以用微信啊。
5. 又方便又不花钱。

二、替换练习 （Substitution drills）

1. 这儿是卖<u>手机卡</u>的吧？

这个字	错
这面包	巧克力
这衣服	新
那词典	你买

2. 有<u>打电话</u>便宜的，还有<u>上网</u>便宜的。

苹果	橘子
弟弟	妹妹
书	笔
矿泉水	可乐

3. 一<u>插</u>就<u>可以用</u>了。

学	明白
看	懂
喝	喝多
睡	睡到早上

三、回答问题 （Answer the following questions）

1. 你在中国买过手机卡吗？买了什么手机卡？买卡的时候怎么说？
2. 你有微信吗？你们国家用微信的人多吗？如果你们国家不用微信，用什么？

第二课　买手机卡　打电话
Lesson 2　Buy a cell phone card and make a phone call

四、用所给的词语完成对话
(Complete the following dialogues with the given words)

1. 男：请问，_____？（手机卡）
   女：你要打电话便宜的，还是上网便宜的？

2. 男：用这种手机卡能往国外打吗？
   女：不能，_____。（微信）

五、把下面的词语整理成句子
(Make up sentences with the following words)

1. 买　在　哪儿　手机卡
   _____

2. 这儿　卖　不是　手机卡　的
   _____

3. 用　哪种　手机卡　国外　打　往
   _____

4. 问　再　一下
   _____

六、讨论 **(Discussion)**

1. 你常玩儿微信吗？你喜欢用微信吗？为什么？
   (Do you often use WeChat? Do you like WeChat? Why?)

2. 你们国家上网方便吗？跟中国有什么不同？
   (Is it convenient to surf online in your country? Is it different with China?)

听力练习 Listening exercises

一、听课文录音,回答问题

(Listen to the text and answer the following questions)

1. 马克想做什么?
2. 这里都卖什么样的手机卡?
3. 马克买了哪种手机卡?
4. 什么时候开始扣钱?
5. 用微信往国外打电话有什么好处?

二、听录音,选择正确答案 (Listen and choose the right answers)

1. 手机卡一插,手机就怎么了?
   A. 可以上网了   B. 可以打电话了   C. 关机了   D. 没钱了

2. 这儿没有什么卡?
   A. 上网便宜的   B. 打电话便宜的
   C. 上网不贵的   D. 上网贵的

3. 微信能往国外打吗?
   A. 不能   B. 能   C. 不知道   D. 能不能

4. 什么时候开始扣钱?
   A. 月中   B. 月底   C. 月初   D. 一月

三、听录音,回答问题 (Listen and answer the following questions)

1. 房间里能上网吗?多少钱?
2. 打电话每分钟多少钱?

第二课　买手机卡　打电话
Lesson 2　Buy a cell phone card and make a phone call

3. 房间里的电话能打到国外吗?

4. 要想往国外打电话怎么办?

四、听录音,判断正误

(True or false based on the following statements you heard)

1. 玛丽想打电话,可是没有手机卡。(　　)

2. 外国人买手机卡要带护照。(　　)

3. 玛丽很感谢那个中国人。(　　)

4. 中国人说有了手机卡,还不能打电话。(　　)

五、听录音,填空　**(Listen and fill in the blanks)**

玛丽_____来到中国_____想给爸爸妈妈发_____、打_____。下课后她去买了一个_____,现在她可以_____,也可以_____了。

六、听录音,选择意思相近的说法

(Listen and choose the similar expressions)

1. A. 这是不是手机卡?
   B. 这不是手机卡。
   C. 这儿卖手机卡吗?
   D. 这儿有手机卡吗?

2. A. 国内打电话用哪种卡?
   B. 打国外用哪种电话?
   C. 打国外的电话用什么卡?
   D. 打国内电话用卡吗?

课文（二）
Text 2

大卫：喂！是留学生公寓吗？

智子：对，你找谁？

大卫：请问玛丽在不在？

智子：谁？请再说一遍。

大卫：玛——丽。

智子：噢，你打错了。玛丽宿舍的电话是3837。我这是3738。

大卫：啊，对不起！

（重拨电话）

安妮：你好！

大卫：你好！这是留学生公寓503房间吗？

安妮：对，是503。

大卫：请问，玛丽在吗？

安妮：她去教室了，我是她同屋安妮。你有什么事？我可以转告她。你也可以打她的手机。

大卫：我打手机了，但她的手机关机。我叫大卫。刚从美国来，她妈妈托我给她捎来一些东西，请你告诉她来我这儿拿。

安妮：什么时候去都可以吗？最近她要参加演讲比赛，忙得连饭都顾不上吃了。

第二课　买手机卡　打电话
Lesson 2　Buy a cell phone card and make a phone call

大卫：那就等我上街时顺便给她带过去吧。对了，我差点儿忘了，我还想问你，你们那儿有没有HSK辅导班？我想参加。

安妮：有，每周上三次课，我叫玛丽给你报名吧。

大卫：给你添麻烦了。欢迎你跟她一起来玩儿。

安妮：有时间我一定去。

生词 New words

1.	公寓	gōngyù	flat; apartment
2.	转告	zhuǎngào	pass on a message
3.	关机	guān jī	power off
4.	托	tuō	to entrust; ask sb. for a favour
5.	捎	shāo	take sth. to or for sb.; bring sth. to sb.
6.	演讲比赛	yǎnjiǎng bǐsài	speech contest
7.	顾不上	gùbushàng	have no time to do sth.
8.	顺便	shùnbiàn	in passing; incidentally
9.	辅导班	fǔdǎobān	the tutorial class
10.	周	zhōu	week
11.	报名	bào míng	sign up
12.	添麻烦	tiān máfan	give sb. trouble

注释 Notes

一、语言要点 （Grammar points）

1. "她忙得连饭都顾不上吃了。"

    "连……都……"表示强调。如：

    (1) 她累得连路都走不动了。

    (2) 小李高兴得连话都说不出了。

    (3) 我饿得连头都抬不起来了。

    (4) 人们热得连气都喘不过来了。

2. "差点儿忘了"

    "差点儿"用于不希望出现的情况，表示某种情况几乎出现而没有出现。如：

    (1) 太疼了，我差点儿哭了。

    (2) 人太多了，我差点儿买不到。

    (3) 今天上街，我差点儿丢了包。

    (4) 太远了，我差点儿迷了路。

3. "我叫玛丽给你报名吧。"

    "叫"意思是"使""让"，用于兼语句。如：

    (1) 老师叫我回答问题。

    (2) 妈妈叫孩子去买冰棍儿。

    (3) 她叫服务员给她拿一杯啤酒。

    (4) 同屋叫我跟他一块儿上街。

二、相似说法 （The similar expressions）

1. 她妈妈托我给她捎来一些东西。

    (1) 她妈妈叫我给她捎来一些东西。

第二课 买手机卡 打电话
Lesson 2 Buy a cell phone card and make a phone call

(2) 她妈妈让我给她捎来一些东西。

(3) 她妈妈托我给她带来一些东西。

2. 忙得连饭都顾不上吃了。

   (1) 忙得饭都顾不上吃了。

   (2) 忙得都顾不上吃饭了。

   (3) 太忙了,连饭都顾不上吃了。

   (4) 太忙了,饭都顾不上吃了。

口语练习 Speaking exercises

一、用正确的语调朗读下面的句子

(Read the following sentences in correct intonation loudly)

1. 噢,你打错了。

2. 你有什么事?我可以转告她。

3. 最近她要参加演讲比赛,忙得连饭都顾不上吃了。

4. 对了,我差点儿忘了。

5. 我叫玛丽给你报名吧。

6. 欢迎你跟她一起来玩儿。

二、替换练习 (Substitution drills)

1. 最近 她要参加 演讲 比赛。

今年	我	足球
这次	你	篮球
这几天	他	唱歌
今天	我	长跑

2. 她忙得连饭都顾不上吃了。

我饿	路	不能走
她累	话	不想说
小王高兴	泪	流下来
她跑	气	喘不上来

3. 我差点儿忘了问你。

她	走错了路
玛丽	丢了钱包
小王	迷了路
弟弟	来晚了

4. 我叫 玛丽给你报名吧。

你	她	买一个面包
老师	我	带一本书
妈妈	我	捎点儿钱
我	同屋	打个电话

三、回答问题 (Answer the following questions)

你给朋友打电话，要找的朋友不在，别人接电话时，你怎么说？请用上这些词：托、转告、顺便。

四、用所给的词语完成对话

(Complete the following dialogues with the given words)

1. 男：请问，_____？（在）
   女：她不在，她去教室了。

2. 男：这是508号房间吗？
   女：对不起，_____。（错）

3. 男：_____？（是）
   女：对，你找谁？

五、把下面的词语整理成句子

(Make up setences with the following words)

1. 留学生　是　公寓　吗

   _____

2. 号码　电话　你　了　错　打

   _____

第二课　买手机卡　打电话
Lesson 2　Buy a cell phone card and make a phone call

2

3. 是　我　的　同屋　安妮

_____

4. 转告　请　来　她　我　这儿　拿　东西

_____

六、讨论　（Discussion）

　　1. 用汉语打电话跟用你的母语打电话习惯有什么不同？
　　2. 你在中国给朋友打过电话吗？请说一下用汉语打电话的经过。

听力练习 Listening exercises

一、听课文录音，回答问题
　　（Listen to the text and answer the following questions）
　　1. 大卫给谁打电话？那个人的电话号码是3738吗？
　　2. 玛丽的电话是多少号？
　　3. 玛丽去哪儿了？
　　4. 玛丽为什么没接手机？
　　5. 大卫从哪儿来？玛丽的妈妈在哪儿？
　　6. 玛丽最近要做什么？
　　7. 大卫要参加什么班？
　　8. 最后，大卫请安妮做什么？

二、听录音，选择正确答案　（Listen and choose the right answers）
　　1. 谁在打电话？
　　　　A. 大卫　　　B. 小王　　　C. 玛丽　　　D. 不知道

37

2. 他的手机号码是多少?
   A. 1385846682   B. 1384258892
   C. 1385858862   D. 1384858862

3. 他忘了打电话了吗?
   A. 忘了   B. 没忘   C. 不忘   D. 不知道

4. 谁给她报名了?
   A. 我   B. 你   C. 他   D. 玛丽

三、听录音,回答问题　(Listen and answer the following questions)
   1. 男的给谁打电话?他在不在?去干什么了?
   2. 男的给小李打电话有什么事?
   3. 男的和小李原来互相学习的时间是什么时候?
   4. 谁转告小李换时间的事?
   5. 如果小李晚上没有时间怎么办?

四、听录音,判断正误
   (True or false based on the following statements you heard)
   1. 大卫没有给小王打手机。(　　)
   2. 大卫想找小李。(　　)
   3. 小王是小李的同屋。(　　)
   4. 大卫想请小王看电影。(　　)
   5. 小李和小王明天一起去看电影。(　　)

五、听录音,填空　(Listen and fill in the blanks)
   星期天_____十二点,大卫在宿舍_____李建打电话。小李不_____家,去看足球比赛了,李妈妈接的电话。大卫托李妈妈_____小李,原计划下午两人的互相学习换到_____六点,_____小李有事,就给他打_____。

第二课　买手机卡　打电话
Lesson 2　Buy a cell phone card and make a phone call

六、听录音,选择意思相近的说法

(**Listen and choose the similar expressions**)

1. A. 我告诉你一件事　　　　B. 你告诉她妈妈一件事
   C. 我妈妈让你告诉我一件事　D. 我替她妈妈告诉你一件事

2. A. 他非常忙　　　　B. 他不吃饭
   C. 他忙着吃饭　　　D. 他不太忙

课文（三）
Text 3

（在邮局）

玛　丽：请问,在这儿买手机卡吗？

营业员：这儿不卖,你得到移动公司去买。

玛　丽：移动公司在哪儿？

营业员：就在马路对面。

（在移动公司）

玛　丽：我想买个手机卡。

营业员：你买哪种卡？这种打电话一分钟两毛五分钱,每月1G流量,那种一分钟一毛五,500M流量。

玛　丽：能往国外打吗？

营业员：这两种都不行,你得用那种,打国际长途一分钟六毛钱。

玛　丽：这么贵啊！

营业员：现在都用微信了,在家接个路由器,多方便。

玛　丽：您说得对,给爸爸妈妈打我就用微信,平时我就用这种打电话便宜的卡吧。

营业员：你带护照了吗？

玛　丽：带了。糟糕,我的钱包不见了。

营业员：别着急,慢慢儿找找。不一定是被小偷儿偷了,也可能落在什么地方了,实在找不到,可以报警。

玛　丽：是得再找找,我刚才还去过邮局,钱丢就丢吧,护照丢了就糟了。唉,真倒霉!今天什么事也办不成了!

营业员：别着急,会有办法的。

(过了一会儿,邮局的营业员跑过来)

营业员：你好,这是你的钱包吧?刚才被你落在邮局了。

生词 New words

1. 移动公司	yídòng gōngsī	China Mobile
2. 流量	liúliàng	data
3. 国际	guójì	international
4. 长途	chángtú	long-distance
5. 路由器	lùyóuqì	router
6. 落	là	forget to bring
7. 小偷儿	xiǎotōur	thief
8. 偷	tōu	to steal
9. 报警	bào jǐng	call the police
10. 丢	diū	to lose
11. 糟	zāo	too bad

第二课　买手机卡　打电话
Lesson 2　Buy a cell phone card and make a phone call

注释 Notes

一、语言要点　（Grammar points）

1. **"被小偷儿偷了"**

　　"被"字句表示主语是被动的。句式：主语（被动者）＋"被"＋施动者＋动词＋其他。如：

　　（1）她被老师批评了。

　　（2）钱被小偷儿偷走了。

　　（3）书被她弄丢了。

　　（4）车被爸爸开走了。

　　（5）苹果被同屋吃了。

2. **"是得再找找"**

　　"是"重读，表示加强肯定的语气，相当于"的确""确实"。如：

　　（1）男：听说明天图书馆不开门。

　　　　女：对，明天是不开。

　　（2）男：你刚才去买手机卡了？

　　　　女：是去买手机卡了。

　　（3）男：你最近很忙吗？

　　　　女：我是很忙。

　　（4）男：这部电影有意思吧？

　　　　女：是挺有意思。

3. **"丢就丢吧"**

　　"A 就 A"表示无所谓，没关系。如：

　　（1）她走就走吧，没关系。

　　（2）孩子哭就哭吧，我们不管。

(3)贵就贵,还是买吧。

(4)下雨就下雨,我一定要去。

(5)吃了就吃了吧,再买一斤。

4. 今天什么事也办不成了。

"什么也……"表示所说的范围内无例外。"什么"后可加上所指的事物。如:

(1)别问他,他什么也不知道。

(2)他整天玩儿,什么也不干。

(3)我只是看看,什么(东西)也不买。

(4)他现在什么(东西)也不想吃。

二、相似说法 (The similar expressions)

1. 你得到移动公司买。

(1)你要去移动公司买。

(2)你应该到移动公司去买。

(3)你可以去移动公司买。

2. 钱包被小偷儿偷了。

(1)钱包叫小偷儿偷了。

(2)钱包让小偷儿偷了。

(3)钱包给小偷儿偷了。

3. 今天什么事也办不成了。

(1)今天什么事也不能办了。

(2)今天什么事也办不了了。

(3)今天任何事也办不了了。

(4)今天办不成任何事了。

4. 真倒霉!

(1)太倒霉了!

第二课　买手机卡　打电话
Lesson 2　Buy a cell phone card and make a phone call

(2) 倒霉透了!
(3) 倒霉死了!

口语练习 Speaking exercises

一、用正确的语调朗读下面的句子
(Read the following sentences in correct intonation loudly)

1. 你得到移动公司去买。
2. 在家接个路由器,多方便。
3. 别着急,慢慢儿找找。
4. 糟糕,我的钱包不见了!
5. 是得再找找,钱丢就丢吧,护照丢了就糟了。
6. 唉,真倒霉! 今天什么事也办不成了!

二、替换练习　**(Substitution drills)**

1. 糟糕,我的 钱包 不见了。

她的	书
我	弟弟
我的	小狗
我的	足球

2. 钱包 被 小偷儿 偷了。

3. 什么 事 也 办 不 成 了。

三、回答问题 (Answer the following questions)

你在中国买过手机卡吗？买手机卡的时候你怎么说？

四、用所给的词语完成对话

(Complete the following dialogues with the given words)

1. 男：请问_____？（手机卡）
   女：就在这儿。

2. 男：你买哪种卡？
   女：_____。（上网、流量、电话）

3. 男：你再好好儿找找，别着急。
   女：_____。（是得）

五、把下面的词语整理成句子 (Make up sentences with the following words)

1. 去　你　移动　得　公司　买
   _____

2. 家里　我　路由器　在　上网　用
   _____

3. 宿舍　我　落在　护照　了　把
   _____

4. 事　什么　办　了　不成　也
   _____

六、讨论 (Discussion)

1. 在中国，可以去哪儿买手机卡？跟你们国家有什么不同？
2. 你在中国丢过东西没有？你报警了吗？在你们国家丢了东西怎么办？

第二课　买手机卡　打电话
Lesson 2　Buy a cell phone card and make a phone call

听力练习 Listening exercises

一、听课文录音,回答问题

（Listen to the text and answer the following questions）

1. 玛丽在什么地方？她想做什么？
2. 营业员介绍了几种手机卡？有什么不同？
3. 营业员说,打电话还可以用什么？为什么？
4. 玛丽打算买哪种卡？
5. 玛丽丢了什么？她想报警吗？
6. 营业员是怎么劝玛丽的？

二、听录音,选择正确答案　（Listen and choose the right answers）

1. 这种手机卡不能往什么地方打？
   A. 国外　　　B. 国内　　　C. 市内　　　D. 中国

2. 往国内打长途电话打了三分钟,花了多少钱？
   A. 三毛　　　B. 六毛　　　C. 三毛六　　D. 一块五

3. 下面哪句话的意思跟录音不一样？
   A. 小偷儿把你的钱偷去了　　B. 你的钱让小偷儿偷去了
   C. 你的钱叫小偷儿偷走了　　D. 你把小偷儿的钱偷去了

4. 他认为护照和钱哪个更重要？
   A. 钱　　　　　　　　　　　B. 护照
   C. 同样重要　　　　　　　　D. 同样不重要

三、听录音,回答问题 (Listen and answer the following questions)

1. 女的在干什么?
2. 寄快递时应该先干什么?
3. 寄快递时要不要称重量?
4. 首重多少钱?
5. 女的往哪儿寄书?
6. 多少天能寄到?

四、听录音,判断正误

(True or false based on the following statements you heard)

1. 玛丽在超市买东西。(   )
2. 玛丽给妈妈寄圣诞卡和衣服。(   )
3. 玛丽给妈妈发了微信。(   )
4. 玛丽让妈妈收到礼物后回电话。(   )

五、听录音,填空 (Listen and fill in the blanks)

安妮买了几本_____书,要寄给在英国的_____。她先发_____要来地址,然后用手机_____。寄快递_____要写清楚_____、_____和姓名。国际_____比较贵,但到_____四天就行了。

六、听录音,选择相似的说法 (Listen and choose the similar expressions)

1. A. 丢了钱　　　　　　　B. 就丢了钱
   C. 丢了钱没关系　　　　D. 丢了钱真糟糕

2. A. 我偷了小偷儿的钱　　B. 小偷儿偷了我的钱
   C. 我和小偷儿丢了钱　　D. 我把小偷儿的钱偷了

第二课　买手机卡　打电话
Lesson 2　Buy a cell phone card and make a phone call

补充生词
（Supplementary new words）

1. 免费　　　　miǎnfèi　　　　free
2. 泪　　　　　lèi　　　　　　tear
3. 流　　　　　liú　　　　　　to flow
4. 喘　　　　　chuǎn　　　　　to asthma
5. 快递　　　　kuàidì　　　　 express
6. 填　　　　　tián　　　　　 to fill
7. 单子　　　　dānzi　　　　　form
8. 首重　　　　shǒuzhòng　　　first weight
9. 圣诞节　　　Shèngdàn Jié　 Christmas Day
10. 礼物　　　 lǐwù　　　　　 gift

中国文化点滴
(Chinese culture snack)

中国的电信运营公司有中国移动、中国联通、中国电信等,为人们提供固定电话和手机的通话服务及互联网服务。很多公共场所,比如酒店、饭馆儿、酒吧、商店、学校、机场、火车站、工作单位等都会提供免费网络服务。家里可以申请专用的网络服务,通过Wi-Fi,手机、电脑、电视及其他智能家电都可以上网。在没有网络服务的地方,比如大街上,公园里,可以用手机流量上网,但是比较贵,你可以购买手机流量包,或者包月服务,会很便宜。

有了网络,你可以用手机浏览互联网信息,微信聊天儿,网购,订外卖,缴纳水电费,寄快递,医院挂号,订酒店,购买机票、火车票、电影票,打车,乘坐地铁、公交车等等,日常生活中的衣食住行、吃喝玩乐都可以在手机上下单,用微信或支付宝付款。

中国的快递业非常发达,主要的快递公司如顺丰、京东、EMS等都可以提供上门服务。除了网购的物品,其他日常生活中的很多东西都可以通过快递寄送,比如生日蛋糕、鲜花、水果、蔬菜等。外卖送餐也非常方便,用手机下单、付款,很快就能收到热气腾腾的饭菜。有些超市、商店等也提供送货服务,直接把你订购的东西送到你的手上。

人们的日常生活和工作都离不开手机和网络。到中国留学,别忘了尽快换一张中国的手机卡,否则你会寸步难行。

第三课 看病

Lesson 3 See a doctor

课文（一）
Text 1

大夫：你 怎么 了？
Dàifu: Nǐ zěnme le?

大卫：我 头 疼，咳嗽，发 烧。
Dàwèi: Wǒ tóu téng, késòu, fā shāo.

大夫：量 一下 体温，看 烧 多少 度。
Dàifu: Liáng yíxià tǐwēn, kàn shāo duōshao dù.

大卫：38 度，我 得了 什么 病？
Dàwèi: Sānshíbā dù, wǒ déle shénme bìng?

大夫：我 听听，没事儿，就 是 感冒 了。
Dàifu: Wǒ tīngting, méi shìr, jiù shì gǎnmào le.

大卫：要紧 不要紧？
Dàwèi: Yàojǐn bu yàojǐn?

大夫：不 要紧，吃点儿 药，多 喝 水，休息 休息 就 好 了。
Dàifu: Bú yàojǐn, chīdiǎnr yào, duō hē shuǐ, xiūxi xiūxi jiù hǎo le.

大卫：谢谢 您，大夫。
Dàwèi: Xièxie nín, dàifu.

生词 New words

1. 病　　　　　　bìng　　　　　　sick
2. 大夫　　　　　dàifu　　　　　 doctor
3. 怎么　　　　　zěnme　　　　　how
4. 疼　　　　　　téng　　　　　　ache; pain
5. 咳嗽　　　　　késou　　　　　 to cough
6. 发烧　　　　　fā shāo　　　　have a fever
7. 量　　　　　　liáng　　　　　 to measure
8. 体温　　　　　tǐwēn　　　　　temperature
9. 烧　　　　　　shāo　　　　　　fever
10. 得　　　　　　dé　　　　　　　to take; to catch
11. 感冒　　　　　gǎnmào　　　　catch a cold
12. 要紧　　　　　yàojǐn　　　　 vital; important

第三课　　看　病
Lesson 3　　See a doctor

注释 Notes

相似说法（The similar expressions）

1. 你怎么了？
   (1) 你哪儿不舒服？
   (2) 你什么地方不舒服？
   (3) 你哪儿难受？

2. 量一下体温。
   (1) 测一下体温。
   (2) 试一下体温。
   (3) 试试体温。
   (4) 量量体温。

3. 要紧不要紧？
   (1) 要不要紧？
   (2) 严重不严重？
   (3) 厉害不厉害？

口语练习 Speaking exercises

一、用正确的语调朗读下面的句子

（Read the following sentences in correct intonation loudly）

1. 你怎么了？
2. 我头疼，咳嗽，发烧。
3. 我得了什么病？

二、替换练习　(Substitution drills)

1. 你<u>怎么了</u>？　　2. 我<u>头</u>疼。　　3. 他<u>得了什么病</u>？

```
哪儿不舒服
什么地方难受
感觉怎么样
```

```
嗓子
腿
肚子
牙
```

```
有什么病
怎么了
是不是病了
```

三、回答问题　(Answer the following questions)

1. 你来中国得过病吗？
2. 你得过什么病？
3. 如果感冒了，你怎么办？
4. 感冒了，你会有什么感觉？

四、用所给的词语完成对话

　　(Complete the following dialogues with the given words)

1. 女：大夫，我得了什么病？

　　男：_____。（感冒）

2. 女：你怎么了？

　　男：_____。（疼）

3. 女：你烧多少度？

　　男：_____。（度）

第三课　看　病
Lesson 3　See a doctor

五、看图说话 （**Tell a story based on the following picture**）

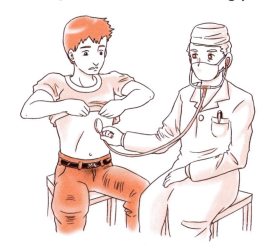

六、把下列词语整理成句子 （**Make up sentences with the following words**）

1. 感冒　得　我　了

_____

2. 了　的　玛丽　病　好

_____

3. 看　他　医院　明天　想　我　去

_____

听力练习 Listening exercises

一、听录音，找出你听到的词语 （**Listen and underline the words you heard**）

1. A. 出去　　B. 病　　　C. 感冒　　D. 上班

2. A. 挂号　　B. 排队　　C. 学校　　D. 教室

3. A. 内科　　B. 外科　　C. 儿科　　D. 牙科

53

二、听录音,回答问题 （Listen and answer the following questions）

1. 大卫在哪儿？
2. 山姆怎么了？
3. 山姆要去什么地方？
4. 山姆的病很重吗？

三、听录音,判断正误

（True or false based on the following dialogue you heard）

1. 男的发烧了。（　　）
2. 男的发烧38度。（　　）
3. 男的需要打针。（　　）
4. 男的得了感冒。（　　）

四、听录音,选择正确答案 （Listen and choose the right answers）

1. 男的得了_____。

　　A. 肺炎　　　B. 肠炎　　　C. 咳嗽　　　D. 感冒

2. 大夫要男的_____。

　　A. 吃药　　　B. 打针　　　C. 化验　　　D. 量体温

3. 男的不知道_____。

　　A. 打什么针　　　　　　B. 买什么药

　　C. 什么药好　　　　　　D. 怎么拿药

4. 大夫认为_____。

　　A. 西药好　　　　　　　B. 打针好

　　C. 中药好　　　　　　　D. 都不好

第三课　看病
Lesson 3　See a doctor

五、听录音,填空 (Listen and fill in the blanks)

1. _____时间我能好?
2. _____着急,一个星期_____就好了。
3. 我可以_____走路吗?

六、听录音,整理句子 (Listen and put the following sentences in order)

① 给他开了一些药
② 大卫肚子疼
③ 大夫问了他的情况
④ 山姆陪他去医院

_____

课文(二) Text 2

马克:(挂号处)我牙疼,得挂哪个科?
护士:挂口腔科。
大夫:(诊室)你怎么了?
马克:我牙疼得要命,不能吃饭,不能喝水。
大夫:张开嘴,最里边的那颗吧?已经烂了,该拔掉了。
马克:大夫,今天可以拔吗?要多长时间?
大夫:可以拔,一会儿就好。
马克:疼不疼?
大夫:不疼,你先去交费,然后过来打麻药。

大夫：（麻药打好了）请在外边等一会儿，一会儿护士叫你的名字就来拔。

生词 New words

1. 牙　　　　yá　　　　　　tooth
2. 护士　　　hùshi　　　　　nurse
3. 挂　　　　guà　　　　　　to register
4. 口腔　　　kǒuqiāng　　　 oral cavity
5. 科　　　　kē　　　　　　 department
6. 要命　　　yàomìng　　　　serious
7. 颗　　　　kē　　　　　　 *a measure word*
8. 烂　　　　làn　　　　　　rot; fester
9. 拔　　　　bá　　　　　　 draw; pull out
10. 掉　　　 diào　　　　　 to drop
11. 麻药　　 máyào　　　　 anesthetic

注释 Notes

一、语言要点　（Grammar point）
"……得要命"
表示程度达到极点。意思与"很""非常"相同。如：
(1) 他的头疼得要命。
(2) 昨天晚上12点才睡觉，今天上课困得要命。

第三课　　看　病
Lesson 3　　See a doctor

　　（3）累得要命　　　冷得要命　　　气得要命
　　　　麻烦得要命　　无聊得要命　　喜欢得要命
　　　　饿得要命　　　高兴得要命

二、相似说法　（The similar expressions）

　　1. 挂哪个科？
　　　（1）挂哪科？
　　　（2）挂什么科？

　　2. 张嘴
　　　（1）张开嘴
　　　（2）把嘴张开

　　3. 牙疼得要命
　　　（1）牙疼得厉害
　　　（2）牙疼得很
　　　（3）牙疼极了

　　4. 最里边那颗坏了
　　　（1）紧里边那颗坏了
　　　（2）紧里头那颗坏了
　　　（3）最里头那颗坏了

　　5. 要多长时间？
　　　（1）用多长时间？
　　　（2）要多久？
　　　（3）时间长吗？

口语练习 Speaking exercises

一、用正确的语调朗读下面的句子
(Read the following sentences in correct intonation loudly)

1. 我牙疼,得挂哪个科?
2. 我牙疼得要命。
3. 你先去交费,然后打麻药。

二、替换练习 (Substitution drills)

1. 挂口腔科

| 内 |
| 外 |
| 耳鼻喉 |
| 儿 |

2. 最里边的那颗吧?

后边	这
右下方	第二
左上方	第一
中间	这

3. 先去交费,然后打麻药。

洗澡	看书
写作业	看电影
去南京	去上海
去阅览室	去商店

三、回答问题 (Answer the following questions)

1. 你去过中国的什么医院看过病?
2. 你认为西医好还是中医好?为什么?
3. 在你们国家的医院看病和中国一样吗?有什么不同?

第三课　看病

Lesson 3　See a doctor

四、用所给的词语完成对话
（Complete the following dialogues with the given words）

1. 男：_____？（挂）

   女：挂口腔科。

2. 男：_____。（怕）

   女：那就吃药吧。

3. 男：现在我应该做什么？

   女：_____。（先，然后）

五、看图说话　（Tell a story based on the following pictures）

六、把下列词语整理成句子　（Make up sentences with the following words）

1. 哪个　你　医院　觉得　好

   _____

2. 放学　应该　你　去　医院　下午　后

   _____

3. 每天　三　这　药　次　种　吃

   _____

听力练习 Listening exercises

一、听录音,找出你听到的词语 (Listen and underline the words you heard)

1. A. 吃药　　B. 上山　　C. 坐车　　D. 打针
2. A. 要紧　　B. 着急　　C. 赶快　　D. 重要
3. A. 买药　　B. 开药　　C. 给药　　D. 吃药
4. A. 热　　　B. 冷　　　C. 疼　　　D. 酸

二、听录音,回答问题 (Listen and answer the following questions)

1. 大卫为什么说山姆病了?
2. 山姆体温多少度?
3. 大卫为什么建议山姆去医院?

三、听录音,判断正误

(True or false based on the following dialogue you heard)

1. 玛丽病了。(　　)
2. 玛丽去医院看病。(　　)
3. 小王得了急性肠炎。(　　)
4. 大夫说小王可能吃了不干净的食物。(　　)
5. 男的吃了不干净的食物。(　　)

四、听录音,选择正确答案 (Listen and choose the right answers)

1. 这几天,女的总是_____。
　　A. 肚子疼　　B. 头疼　　C. 咳嗽　　D. 头晕

第三课　　看　病
Lesson 3　　See a doctor

2. 大夫说女的_____。
   A. 太累了　　B. 太胖了　　C. 太忙了　　D. 太紧张了

3. 男的认为女的学习_____。
   A. 太多　　　B. 太紧张　　C. 太认真　　D. 太忙了

4. 大夫认为女的_____。
   A. 应该吃药　B. 不用吃药　C. 应该打针　D. 不用打针

5. 大夫建议女的_____。
   A. 多休息　　B. 多吃饭　　C. 多学习　　D. 多喝水

五、听录音,填空 (Listen and fill in the blanks)

1. 我_____痢疾,大夫让我_____几天吊瓶。

2. 我_____一个朋友来看病,因为查不出_____,大夫让他_____观察。

3. 听说最近_____一种痢疾,很厉害,你可一定要_____。

六、听录音,整理句子 (Listen and put the following sentences in order)

① 下课后,老师来到安妮的房间看望她
② 告诉老师安妮病了,不能来上课
③ 快上课了,田中走到老师面前
④ 安妮得了流行性感冒,咳嗽、发烧
⑤ 老师建议她去医院看看

_____

七、听录音,复述内容 (Listen and retell the dialogue)

课文（三）
Text 3

马克：大夫，挂号。

护士：挂什么科？

马克：挂内科。

大夫：(诊室)你哪儿不舒服？

马克：我从昨天开始就嗓子疼，发烧，还咳嗽。

大夫：试试体温。你吃过什么药了吗？

马克：已经吃了退烧药，可一停药就又烧起来了。

大夫：哟，39度，烧得还挺厉害的，打几天阿奇霉素吧。

马克：大夫，能不能不打针？我最怕打针，再说，我对阿奇霉素过敏。

大夫：好，这很重要。病人对什么药物过敏，一定要告诉大夫，不然，后果是严重的。你的病挺重，打针能好得快点儿。

马克：那就换一种药吧。

大夫：换一种新药。我再给你开点儿口服药。给你药方，先去交费，然后取药。

马克：这些药怎么个吃法儿？

大夫：这种是西药，一天三次，一次一粒。另一种是中药，早晚两次，每次两丸儿。饭后吃。

第三课　看病
Lesson 3　See a doctor

生词 New words

1.	内科	nèikē	internal medicine
2.	阿奇霉素	āqíméisù	azithromycin
3.	再说	zàishuō	in addition; furthermore
4.	过敏	guòmǐn	allergic
5.	药物	yàowù	medicine
6.	后果	hòuguǒ	consequence
7.	严重	yánzhòng	serious
8.	换	huàn	to change
9.	口服	kǒufú	take orally
10.	法儿	fǎr	method
11.	西药	xīyào	Western medicine
12.	中药	zhōngyào	Chinese traditional medicine
13.	丸儿	wánr	pill

注释 Notes

一、语言要点　(Grammar points)

　　1. "再说"

　　　　进一步说明理由或原因。如：

　　　　(1) 今天天气不好，再说我身体也不舒服，别去爬山了。

　　　　(2) 别生气了，问题不严重，再说他又不是故意的。

　　　　(3) 我不想买了，房间太小，再说价钱也太贵了。

2. "法儿"

表示做一件事情的方法。如：

(1)这个字怎么个写法儿？

(2)这个画法儿对不对？

(3)那种水果怎么个吃法儿？

二、相似说法 (The similar expressions)

1. 你吃过什么药了吗？

(1)你用过什么药了吗？

(2)你服过什么药了吗？

2. 这些药怎么个吃法儿？

(1)这些药怎么吃？

(2)这些药怎么用？

(3)怎么吃这些药？

口语练习 Speaking exercises

一、用正确的语调朗读下面的句子

(Read the following sentences in correct intonation loudly)

1. 我最怕打针，再说，我对阿奇霉素过敏。

2. 你的病挺重，打针能好得快点儿。

3. 我再给你开点儿口服药。

4. 这些药怎么个吃法儿？

第三课　看病

Lesson 3　See a doctor

二、替换练习　（Substitution drills）

1. 已经吃了退烧药。

| 止痛 |
| 感冒 |
| 消炎 |
| 预防 |

2. 一停药就又烧起来了。

下车	给你打电话
看	明白
听	懂
吃	好

3. 我最怕打针。

| 吃药 |
| 迷路 |
| 小动物 |
| 听写 |

4. 我对阿奇霉素过敏。

| 这种药 |
| 花粉 |
| 汽油味 |
| 酒精 |

三、回答问题　（Answer the following questions）

1. 生病后，你喜欢打针还是吃药？
2. 你在中国得过病吗？在中国的医院怎么看病？
3. 在你们国家怎么看病？

四、用所给的词语完成对话

（Complete the following dialogues with the given words）

1. 男：你怎么了？
   女：_____。（要命）

2. 男：你病得挺重，打几天针吧。
   女：_____。（再说）

3. 男：我对很多药物都过敏。
   女：_____。（不然）

五、看图说话 （Tell a story based on the following picture）

六、把下面的词语整理成句子

（Make up sentences with the following words）

1. 家　在　马克　不　他　去　朋友　了　医院　看望

_____

2. 送给　鲜花　我　喜欢　病人

_____

3. 这种　过敏　对　我　药

_____

七、讨论 （Discussion）

1. 介绍一下你们国家的医疗保险。
2. 介绍一下你们国家医院的情况。
3. 你有病的时候愿意看中医还是看西医，为什么？

第三课　　看　病
Lesson 3　　See a doctor

3

听力练习 Listening exercises

一、听录音，找出你听到的词语　(Listen and undeline the words you heard)

1. A. 血管　　　B. 肺　　　C. 心　　　D. 心脏病

2. A. 转院　　　B. 住院　　C. 出院　　D. 在家

3. A. 救护车　　B. 小汽车　C. 出租车　D. 电车

二、听录音，回答问题　(Listen and answer the following questions)

1. 大夫给男的做了什么检查？
2. 男的得了什么病？
3. 男的为什么没早来医院？
4. 男的对阿奇霉素过敏吗？
5. 取药前先做什么？

三、听录音，判断正误

(True or false based on the following statements you heard)

1. 大卫病了。（　　）
2. 大夫在给大卫检查。（　　）
3. 大卫在打针。（　　）
4. 山姆虽然肚子疼，但还是去上课了。（　　）
5. 大卫在检查身体。（　　）
6. 大夫说大卫回家要多休息。（　　）
7. 在骨科医院，山姆遇见了一个朋友。（　　）
8. 手术后，大夫告诉大卫需要多吃水果。（　　）
9. 小王做手术了。（　　）
10. 同学们叫来了一辆出租车。（　　）

四、听录音,选择正确答案 （Listen and choose the right answers）

1. 女的在干什么?
   A. 看病   B. 取药   C. 办理住院手续   D. 做胸透

2. 男的向女的要什么?
   A. 收据   B. 住院通知单   C. 药方   D. 注射器

3. 住院押金要交多少钱?
   A. 1000元   B. 2500元   C. 3000元   D. 5000元

4. 交钱后领什么?
   A. 病号服   B. 药   C. 钥匙   D. 药方

五、听录音,填空 （Listen and fill in the blanks）

1. _____不见了,你去哪儿了?
2. 什么时候_____的?
3. 一个月_____,昨天刚刚_____。
4. 听说_____传染,你是不是_____了肝炎病人?
5. 可能是在外边吃饭时_____传染的吧。
6. 现在看你_____不错,已经完全_____了?

六、听录音,整理句子 （Listen and put the following sentences in order）

① 经过几个小时的手术治疗
② 大卫又帮助老人找到了他的女儿
③ 一位老人被车撞倒了,昏迷不醒
④ 然后才放心地离开
⑤ 大卫见到后,帮助司机把他送到了医院
⑥ 老人终于脱离了危险

_____

第三课 看病
Lesson 3 See a doctor

七、听录音,复述内容 (**Listen and retell the dialogue**)

补充生词
(Supplementary new words)

1.	嗓子	sǎngzi	throat
2.	腿	tuǐ	leg
3.	肚子	dùzi	belly
4.	外科	wàikē	surgical department
5.	牙科	yákē	dental department
6.	医院	yīyuàn	hospital
7.	住院	zhù yuàn	be in hospital
8.	拉	lā	to shit; have loose bowels
9.	肠炎	chángyán	enteritis
10.	打针	dǎ zhēn	have an injection
11.	痢疾	lìji	dysentery
12.	吊瓶	diàopíng	infusion
13.	肺炎	fèiyán	pneumonia
14.	皮试	píshì	skin test
15.	花粉	huāfěn	pollen
16.	汽油	qìyóu	gasoline
17.	酒精	jiǔjīng	alcohol
18.	肝炎	gānyán	hepatitis
19.	传染	chuánrǎn	to infect; be contagious

中国文化点滴

(Chinese culture snack)

在漫长的古代,中华民族的祖先在劳动和生活中,发现某些植物、动物和矿物对疾病有治疗作用,还发现人的身体某一部位受到损伤,可以解除另一部位的病痛,经过反复实践,创造了中药和针灸的治疗方法。中医诊断病情的基本方法是"望、闻、问、切"四诊法,即看病人的气色,听病人发出的声音,询问病情,按病人的脉搏。中国最早的中医著作是战国时期的《黄帝内经》,后来有东汉张仲景的《伤寒杂病论》等。

第四课　汉语学习

Lesson 4　**Study Chinese**

课文（一）
Text 1

田　中：你觉得汉语难不难？
Tiánzhōng：Nǐ juéde Hànyǔ nán bu nán?

李美英：我觉得不太难。
Lǐ Měiyīng：Wǒ juéde bú tài nán.

田　中：你认为学习汉语最重要的是什么？
Tiánzhōng：Nǐ rènwéi xuéxí Hànyǔ zuì zhòngyào de shì shénme?

李美英：我想是多听、多说。
Lǐ Měiyīng：Wǒ xiǎng shì duō tīng、duō shuō.

田　中：你怎么练习听力和口语？
Tiánzhōng：Nǐ zěnme liànxí tīnglì hé kǒuyǔ?

李美英：上 课 认真 听课，下课后 多 和 中国人 交谈。
Lǐ Měiyīng: Shàng kè rènzhēn tīng kè, xià kè hòu duō hé Zhōngguórén jiāotán.

田 中：我 得 向 你学习，多 和 中国人 聊聊。
Tiánzhōng: Wǒ děi xiàng nǐ xuéxí, duō hé Zhōngguórén liáoliao.

生词 New words

1.	认为	rènwéi	to think
2.	听	tīng	to listen
3.	说	shuō	to speak
4.	听力	tīnglì	listening
5.	口语	kǒuyǔ	spoken language
6.	交谈	jiāotán	to talk
7.	向……学习	xiàng……xuéxí	learn from

注释 Notes

相似说法 （The similar expressions）

1. 汉语难不难？
   (1) 汉语好不好学？
   (2) 汉语难不难学？
   (3) 汉语难学不难学？

2. 我觉得不太难。
   (1) 我觉得不大难。
   (2) 我想不太难。

第四课　汉语学习
Lesson 4　Study Chinese

3. 你怎么练习听力和口语？
   你如何练习听力和口语？

口语练习 Speaking exercises

一、用正确的语调朗读下面的句子
　（**Read the following sentences in correct intonation loudly**）

1. 汉语难不难？
2. 我觉得不太难。
3. 我想是多听、多说。
4. 上课认真听课。

二、替换练习　（**Substitution drills**）

1. 汉语难不难？

| 简单不简单 |
| 复杂不复杂 |
| 容易不容易 |
| 好学不好学 |

2. 你怎么练习听力？

| 口语 |
| 阅读 |
| 写作 |
| 语法 |

3. 下课后多和中国人交谈。

| 别人 |
| 留学生 |
| 同学 |
| 老师 |

4. 我得向你学习。

| 老师 |
| 他们 |
| 大家 |
| 李美英 |

三、回答问题　(Answer the following questions)

1. 你觉得汉语难不难？

2. 你的听力怎么样？

3. 你怎么练习口语？

四、用所给的词语完成对话

(Complete the following dialogues with the given words)

1. 男：你觉得汉语好学吗？

　女：_____。（难）

2. 男：你怎么学习汉语？

　女：_____。（多）

3. 男：你认为_____？（重要）

　女：一定要多听、多说。

五、复述课文　(Retell the text)

六、看图，编对话　(Make up a dialogue based on the picture)

第四课　　汉语学习
Lesson 4　　Study Chinese

七、把下面的词语整理成句子
（Make up sentences with the following words）

1. 难　汉语　太　了

   _____

2. 口语　你　练习　怎么

   _____

3. 下课　中国人　要　多　以后　和　交谈

   _____

听力练习 Listening exercises

一、听录音，找出你听到的词语

（Listen and underline the words you heard）

1. A. 语法　　B. 口语　　C. 听力　　D. 阅读

2. A. 容易　　B. 难　　　C. 好　　　D. 简单

3. A. 中级　　B. 初级　　C. 高级　　D. 本科

二、听录音，回答问题　（Listen and answer the following questions）

1. 大卫在什么地方？
2. 大卫在干什么？
3. 教室里都有谁？
4. 黄河长还是长江长？

三、听录音,判断正误

　　(True or false based on the following dialogue you heard)

　　1. 山姆在初级二班。(　　)

　　2. 大卫在高级四班。(　　)

　　3. 中级四班有听力课。(　　)

　　4. 中级四班没有语法课。(　　)

四、听录音,选择正确答案　(Listen and choose the right answers)

　　1. 男的_____考试。

　　　A. 明天　　　B. 后天　　　C. 昨天　　　D. 前天

　　2. 男的的考试_____。

　　　A. 没准备好　　　　　　B. 准备好了

　　　C. 正准备呢　　　　　　D. 没想

　　3. 男的今天晚上_____。

　　　A. 没时间准备　　　　　B. 要准备

　　　C. 要休息　　　　　　　D. 要去朋友家

　　4. 女的今天晚上要_____。

　　　A. 准备考试　　　　　　B. 练习听力

　　　C. 考试　　　　　　　　D. 看小说

五、听录音,填空　(Listen and fill in the blanks)

　　1. 你们什么时候_____?

　　2. 明天考_____,后天考_____。

　　3. 考完试我们去看_____吧。

　　4. 过几天吧。_____我有时间一定和你去看。

第四课　汉语学习
Lesson 4　Study Chinese

六、听录音,整理句子 (Listen and put the following sentences in order)

① 汉语进步非常快
② 他觉得学汉语最重要的是多说多练
③ 大卫来中国才三个月
④ 已经能和中国人对话了

_____

七、听录音,复述内容 (Listen and retell the dialogue)

课文（二）
Text 2

大卫：智子,你汉语学得真好,能不能介绍一下经验?
智子：我觉得打好基础很重要。
大卫：怎么才能打好基础呢?
智子：我想首先发音一定要准确,如果发音不好,会影响和别人进行交流。其次,我尽量找机会和中国人交谈,练习听和说。
大卫：课余时间你怎么学习呢?
智子：除了复习、预习、做作业以外,我还经常听广播、看电视。
大卫：你的学习方法不错,我也想试一试。
智子：每个人都有自己的好方法。你也应该给我介绍一下你的经验。

生词 New words

1. 经验　　jīngyàn　　experience
2. 基础　　jīchǔ　　foundation
3. 准确　　zhǔnquè　　accurate
4. 影响　　yǐngxiǎng　　to affect; to influence
5. 尽量　　jǐnliàng　　as far as possible; to the best of one's ability
6. 机会　　jīhuì　　chance
7. 课余　　kèyú　　after class
8. 预习　　yùxí　　preview; prepare lessons before class
9. 作业　　zuòyè　　homework
10. 广播　　guǎngbō　　broadcast

注释 Notes

一、语言要点　（Grammar points）

1. "尽量"

表示力求达到最大限度。如：

(1)请你尽量慢点儿说，我想写下来。

(2)他尽量控制着自己，不想让别人看出来他的失望。

(3)只要我能做到的，我会尽量去做。

第四课　　汉语学习
Lesson 4　Study Chinese

2. "除了……以外"

"除了"常常跟"也,还"连用,表示除此之外还有别的。如:

(1)这儿除了我懂英语以外,还有小王和小张。

(2)除了去超市以外,我还想顺便看看朋友。

(3)这件事除了她以外,我也知道。

(4)他除了学英语以外,有时也学法语。

二、相似说法　（The similar expressions）

1. 你能不能介绍一下经验?

(1)你可不可以介绍介绍经验?

(2)你能介绍一下经验吗?

2. 课余时间你怎么学习呢?

(1)业余时间你怎么学习呢?

(2)课外时间你怎么学习呢?

(3)课余时间你如何学习呢?

口语练习 Speaking exercises

一、用正确的语调朗读下面的句子

（Read the following sentences in correct intonation loudly）

1. 你汉语学得真好。

2. 发音一定要准确。

3. 尽量找机会和中国人交谈。

二、替换练习　(Substitution drills)

1. 能不能介绍一下经验？

| 谈谈你的总结 |
| 交流交流经验 |
| 介绍一下成果 |

2. 课余时间你怎么学习呢？

| 课外时间 |
| 业余时间 |
| 下课后 |
| 在宿舍 |

3. 除了复习、预习、做作业以外，我还经常听广播、看电视。

| 上课 |
| 去北京 |
| 写字 |
| 学习 |

| 请辅导 |
| 去上海 |
| 画画儿 |
| 去旅游 |

三、回答问题　(Answer the following questions)

1. 你觉得怎样才能学好汉语？
2. 你怎么练习汉语的发音？
3. 下课以后你怎么学习？

四、用所给的词语完成对话

(Complete the following dialogues with the given words)

1. 男：马克，你是怎么练习听力的？
   女：＿＿＿＿＿＿＿＿＿＿＿＿。（其次）

2. 男：山姆，你的汉语这么流利，能不能介绍一下经验？
   女：＿＿＿＿＿＿＿＿＿＿＿＿。（除了……以外，还）

3. 男：你怎么练习口语？
   女：＿＿＿＿＿＿＿＿＿＿＿＿。（辅导）

第四课　汉语学习
Lesson 4　Study Chinese

五、看图，编对话　（Make up a dialogue based on the picture）

六、把下列词语整理成句子　（Make up sentences with the following words）

1. 北京　学　三年　我　在　了　汉语

_____

2. 我　经常　人　旅行　一　个

_____

3. 发音　好　会　不　影响　别人　交流　和　的

_____

听力练习 Listening exercises

一、听录音，找出你听到的词语　（Listen and underline the words you heard）

1. A. 辅导　　B. 体育　　C. 音乐　　D. 绘画

2. A. 汉语　　　　B. 英语　　　　C. 日语　　　　D. 法语

3. A. zh　　　　　B. z　　　　　　C. i　　　　　　D. q

二、听录音,回答问题　(Listen and answer the following questions)

1. 什么小组开始报名了?

2. 课外活动小组有哪些内容?

3. 可以同时参加两项吗?

4. 如果参加,什么时间告诉老师?

三、听录音,判断正误

(True or false based on the following dialogue you heard)

1. 大卫明天去公园。(　　)

2. 山姆明天下午有辅导。(　　)

3. 山姆给同学打了个电话。(　　)

4. 山姆明天能去看京剧。(　　)

四、听录音,选择正确答案　(Listen and choose the right answers)

1. 女的今天考试,_____。

　A. 回来得早　B. 没回来　C. 回来得晚　D. 不回来

2. 女的考试考得_____。

　A. 很好　　　B. 很差　　C. 还可以　　D. 糟糕

3. 女的最后的作文写得_____。

　A. 特别糟　　B. 好极了　C. 不太好　　D. 很棒

4. 女的作文的内容是_____。

　A. 出差　　　　　　　　　B. 去黄山的旅行

　C. 一次体育活动　　　　　D. 一次课外活动

第四课　　汉语学习
Lesson 4　　Study Chinese

4

五、听录音,填空　（Listen and fill in the blanks）

1. 汉语考试的_____出来了,你考得怎么样?
2. 我过了_____级,你呢?
3. 你_____学了半年就过了四级,我_____向你学习才对。
4. 我想应该多做一些_____,熟悉各种_____,注意每种题型的_____。

六、听录音,整理句子　（Listen and put the following sentences in order）

① 我想学习两个月
② 我们一天上四节课,两节会话课,两节听力课
③ 我觉得在这儿学习要比在国内收获大
④ 主要是为了提高听说能力
⑤ 会话课的书是新出版的
⑥ 我在汉语学院学习汉语

_____

课文（三）
Text 3

田　　中：来中国才两个月,你的汉语就进步这么大。
李美英：哪里,还差得远呢。
田　　中：你的发音很标准,你是怎么练的?
李美英：我想开始阶段非常重要,为了发好每个音,我总是反复练习,尤其是一些难发的音,如 zh、ch、sh、r 等。
田　　中：你觉得语法难不难?
李美英：我觉得不太难。

田　中：汉字难,是吧?
李美英：难是难,不过学多了就会觉得其实汉字很有意思。
田　中：我的听力很成问题,上课的时候我只能听懂百分之四十,常常是别的同学都明白了,我还是似懂非懂,真急人。
李美英：你可以多听听汉语广播,看看电视,时间长了,一定会有收获。另外,你还可以请一位辅导老师,就一个内容进行交谈,这对提高听力和会话能力很有帮助。
田　中：我试试吧。辅导老师怎么找呢?
李美英：可以找学校的老师辅导,也可以找在校的大学生。

生词 New words

1. 进步　　　　　　jìnbù　　　　　　　　to progress
2. 标准　　　　　　biāozhǔn　　　　　　standard
3. 阶段　　　　　　jiēduàn　　　　　　　stage
4. 反复　　　　　　fǎnfù　　　　　　　　again and again
5. 尤其　　　　　　yóuqí　　　　　　　　especially
6. 语法　　　　　　yǔfǎ　　　　　　　　grammar
7. 汉字　　　　　　Hànzì　　　　　　　　Chinese character
8. 其实　　　　　　qíshí　　　　　　　　actually; in fact
9. 似懂非懂　　　　sì dǒng fēi dǒng　　have only a hazy notion
10. 收获　　　　　　shōuhuò　　　　　　gains; rewards
11. 就　　　　　　　jiù　　　　　　　　　about; with regard to
12. 会话　　　　　　huìhuà　　　　　　　conversation

第四课　汉语学习
Lesson 4　Study Chinese

4

注释 Notes

一、语言要点　（Grammar points）

1."差得远"

表示距离、时间、水平等相差很大。如：

（1）我的汉语水平跟你比，还差得远呢。

（2）这儿的风景和杭州比差得远呢。

（3）这种手机的质量跟别的牌子比起来，差得远着呢。

2."尤其是"

表示经过比较，后面所说的意思更进一步，有"特别"的意思。如：

（1）大家对我的帮助很多，尤其是王老师，总是耐心地指导我。

（2）北方冬天很冷，尤其是二月份，滴水成冰。

（3）我很喜欢看新闻，尤其是国际新闻。

3."成问题"

常用于口语，表示"糟糕""不好"。如：

（1）我的口语太成问题，我想参加培训班练练。

（2）小李这个人真成问题，整天看不着他。

（3）他的学习很成问题，一考试就不及格。

4."似懂非懂"

意思是不完全明白，还有点儿不明白。如：

（1）对待学习，不能似懂非懂，一定要清清楚楚。

（2）这个问题，我还是似懂非懂，您能不能再讲一遍？

（3）他装出似懂非懂的样子，不知道要达到什么目的。

5. "就"

表示引进动作的范围。如：

(1)参加会议的代表就环境保护问题进行了热烈的讨论。

(2)请大家就这个议题发表一下意见。

(3)我想就汉语学习方法这个话题，写一篇发言稿。

二、相似说法 (The similar expressions)

1. 哪里,还差得远呢。

   过奖了,还差得远呢。

2. 我想开始阶段非常重要。

   (1)我想基础阶段非常重要。

   (2)我想刚开始非常重要。

   (3)我觉得开始阶段非常重要。

3. 难是难,不过学多了就会觉得其实汉字很有意思。

   虽然难,不过学多了就会觉得汉字很有意思。

口语练习 Speaking exercises

一、用正确的语调朗读下面的句子

(Read the following sentences in correct intonation loudly)

1. 你的发音很标准,你是怎么练的?
2. 我的听力很成问题。
3. 别的同学都明白了,我还是似懂非懂。
4. 有的留学生找学校的老师辅导。

第四课　　汉语学习
Lesson 4　　Study Chinese

二、替换练习　（Substitution drills）

1. 你的汉语进步这么<u>大</u>。

   | 慢 |
   | 快 |
   | 明显 |

2. 我总是反复<u>练习</u>。

   | 读 |
   | 听 |
   | 写 |
   | 做 |

3. 我的听力很<u>成问题</u>。

   | 差 |
   | 糟糕 |
   | 不好 |

三、回答问题　（Answer the following questions）

1. 你怎么练习写汉字？
2. 你喜欢听汉语广播吗？为什么？
3. 你喜欢看中国的电视节目吗？为什么？
4. 你有辅导老师吗？谈谈你们怎么上辅导课。

四、用所给的词语完成对话

（Complete the following dialogues with the given words）

1. 男：_____？（口语）
   女：我喜欢旅行，经常在旅行时和中国人聊天儿。

2. 男：汉语声调太难了，你教教我吧。
   女：_____。（反复）

3. 男：这个问题怎么回答？
   女：_____。（似懂非懂）

4. 男：一年很快过去了，你的学习怎么样？
   女：_____。（收获）

五、看图，编对话 (**Make up a dialogue based on the picture**)

六、把下面的词语整理成句子
   (**Make up sentences with the following words**)

1. 学　汉语　为了　好　我　电影　看　常常　汉语
   _____

2. 想　我　您　介绍　请　一下　经验
   _____

3. 学　了　虽然　他　两年　声调　不　汉语　但是　总　准
   _____

七、讨论 (**Discussion**)

1. 汉语难学吗？你觉得哪个方面最难？为什么？
2. 你是怎么学习汉语的？
3. 你认为学好汉语什么最重要？谈谈你的经验。

第四课　汉语学习
Lesson 4　Study Chinese

听力练习 Listening exercises

一、听录音,找出你听到的词语　(Listen and underline the words you heard)

1. A. 留学　　B. 劝学　　C. 流传　　D. 留恋

2. A. 研究　　B. 辩论　　C. 讨论　　D. 认识

3. A. 运动　　B. 活动　　C. 劳动　　D. 举动

二、听录音,回答问题　(Listen and answer the following questions)

1. 山姆参加了哪两个课外活动小组?
2. 山姆说中国武术有什么特点?
3. 山姆为什么参加二胡小组?
4. 玛丽报了几项?
5. 玛丽还想学习什么?

三、听录音,判断正误

(True or false based on the following statements you heard)

1. 同学们在上口语课。(　　)
2. 老师让学生们念课文。(　　)
3. 大卫在学习钢琴。(　　)
4. 学生们在学习做中国菜。(　　)
5. 大卫要参加绘画小组。(　　)
6. 大卫不想上明天的口语课。(　　)
7. 大卫和山姆想看川剧。(　　)
8. 大卫想找个中国朋友。(　　)

四、听录音,选择正确答案 (Listen and choose the right answers)
    1. 女的今天去_____了。
        A. 阅览室   B. 郊游   C. 医院   D. 运动

    2. 香山公园环境很_____。
        A. 不好   B. 整洁   C. 热闹   D. 优美

    3. 香山公园可以_____。
        A. 野餐   B. 烧烤   C. 远足   D. 打扑克

    4. 男的也想去_____。
        A. 旅游   B. 郊游   C. 看京剧   D. 看电影

五、听录音,填空 (Listen and fill in the blanks)
    1. 我来这儿已经一年了,怎么听当地人说话还是_____?
    2. 我们学的是_____,而他们很多人说的是_____。
    3. 如果对方说话_____,你可以提醒他,请他_____说。
    4. 学任何一种语言都有它的_____,只要努力,你一定能学好。

六、听录音,整理句子 (Listen and put the following sentences in order)
    ① 可一到考试,让我对着老师,我就心慌
    ② 这次考试,我的会话考得不太理想
    ③ 听力也不好
    ④ 结结巴巴地说不出来
    ⑤ 平时说得挺不错
    ⑥ 虽然能听懂,可要是把听到的写下来就难了
    _____

七、听录音,复述内容 (Listen and retell the dialogue)

第四课 汉语学习
Lesson 4　Study Chinese

补充生词

(Supplementary new words)

1.	复杂	fùzá	complicated
2.	容易	róngyì	easy
3.	好学	hǎoxué	easy to learn
4.	阅读	yuèdú	reading
5.	写作	xiězuò	writing
6.	棒	bàng	terrific
7.	认真	rènzhēn	earnest; serious
8.	中级	zhōngjí	intermediate level
9.	初级	chūjí	elementary level
10.	高级	gāojí	advanced level
11.	本科	běnkē	undergraduate course
12.	黄河	Huáng Hé	the Yellow River
13.	长江	Cháng Jiāng	the Yangtze River
14.	总结	zǒngjié	sum up; summarize
15.	成果	chéngguǒ	achievement; positive result
16.	题型	tíxíng	type of question
17.	防身	fáng shēn	act in self-defence; protect oneself
18.	京剧	jīngjù	Peking Opera
19.	郊游	jiāoyóu	outing; excursion

中国文化点滴
(Chinese culture snack)

　　汉语是中国的通用语言,联合国六种工作语言之一,也是一种国际通用语言。汉语历史悠久,是世界上作为母语使用人数最多的语言,至少15亿人使用汉语,超过世界总人口的20%。

　　汉语普通话是中国的标准语,汉语还有很多种方言分布在全国各地及海外。如果你到中国不同的城市留学或者旅行,你会听到各种各样不同口音的汉语。随着时代的发展和国际交往的日益频繁,世界上越来越多的人开始学习汉语,很多国家把汉语列为国民教育课程和国家考试科目。

第五课　唱中国歌　听中国音乐

Lesson 5　Sing Chinese song and listen to Chinese music

扫码听录音

课文（一）
Text 1

安妮：你听　什么　呢？
Ānnī：Nǐ tīng shénme ne?

马克：我在　听　中国　音乐。
Mǎkè：Wǒ zài tīng Zhōngguó yīnyuè.

安妮：中国　音乐　好听　吗？
Ānnī：Zhōngguó yīnyuè hǎotīng ma?

马克：我 觉得　很 好听。
Mǎkè：Wǒ juéde hěn hǎotīng.

安妮：我 也 对　中国　音乐 感 兴趣。你 会　唱　中国歌　吗？
Ānnī：Wǒ yě duì Zhōngguó yīnyuè gǎn xìngqu. Nǐ huì chàng Zhōngguógē ma?

马克：我不会。你会吗？
Mǎkè：Wǒ bú huì. Nǐ huì ma?

安妮：我会唱一首中国民歌。
Ānnī：Wǒ huì chàng yì shǒu Zhōngguó míngē.

生词 New words

1. 唱　　　　　　　chàng　　　　　　　to sing
2. 歌　　　　　　　gē　　　　　　　　song
3. 音乐　　　　　　yīnyuè　　　　　　music
4. 好听　　　　　　hǎotīng　　　　　　pleasant to hear
5. 觉得　　　　　　juéde　　　　　　　to think
6. 对……感兴趣　　duì……gǎn xìngqu　be interested in
7. 会　　　　　　　huì　　　　　　　　can; be able to
8. 首　　　　　　　shǒu　　　　　　　*a measure word*
9. 民歌　　　　　　míngē　　　　　　folk song

注释 Notes

一、语言要点 （Grammar points）

　　1."我在听中国音乐。"

　　　　"在"意思是"正在"。如：

　　　　"在" means "in process of". For example：

第五课 唱中国歌 听中国音乐
Lesson 5 Sing Chinese song and listen to Chinese music

(1)十二点了,老师在吃饭。(Shí'èr diǎn le, lǎoshī zài chī fàn. It's 12 o'clock, and the teacher is having lunch.)

(2)他们在写第二十二课的生词。(Tāmen zài xiě dì-èrshí'èr kè de shēngcí. They are writing the new words of lesson 22.)

(3)雨在不停地下。(Yǔ zài bù tíng de xià. It is raining all time.)

(4)他在上课,你等一会儿再找他吧。(Tā zài shàng kè, nǐ děng yíhuìr zài zhǎo tā ba. He is having class, if you want to visit him, please wait a moment.)

2. "对……感兴趣"

表示对某事产生喜好或关心。如:

"对……感兴趣" means "be interested in". For example:

(1)他对中国文化感兴趣。(Tā duì Zhōngguó wénhuà gǎn xìngqu. He is interested in Chinese culture.)

(2)我对音乐感兴趣。(Wǒ duì yīnyuè gǎn xìngqu. I am interested in music.)

(3)你对学汉语感兴趣吗?(Nǐ duì xué Hànyǔ gǎn xìngqu ma? Are you interested in studying Chinese?)

(4)我们都对打篮球不感兴趣。(Wǒmen dōu duì dǎ lánqiú bù gǎn xìngqu. We aren't interested in basketball.)

二、相似说法 (The similar expressions)

1. 我在听中国音乐。

(1)我正在听中国音乐。

(2)我正在听中国音乐呢。

(3)我听中国音乐呢。

2. 我觉得很好听。

(1)我觉得挺好听。

(2)我觉得挺不错。

(3)我觉得听起来很不错。

口语练习 Speaking exercises

一、用正确的语调朗读下面的句子

（Read the following sentences in correct intonation loudly）

1. 我在听中国音乐。
2. 我觉得很好听。
3. 我也对中国音乐感兴趣。
4. 你会唱中国歌吗？
5. 我会唱一首中国民歌。

二、替换练习 （Substitution drills）

1. 我在听 中国音乐。

读	课文
写	汉字
教	孩子唱歌
买	手机卡

2. 我也对中国音乐感兴趣。

妈妈	跳舞
他	旅游
妹妹	做中国菜
我们	学习汉语

三、用所给的词语完成对话

（Complete the following dialogues with the given words）

1. 男：你听什么呢？
   女：_____。（在）

2. 男：你觉得_____？（好听）
   女：很不错。

第五课　唱中国歌　听中国音乐
Lesson 5　Sing Chinese song and listen to Chinese music

3. 男：他对什么感兴趣？

女：_____。（对……感兴趣）

4. 男：你会唱什么歌？

女：_____。（唱）

四、回答问题　（Answer the following questions）

1. 你听过中国音乐吗？你觉得怎么样？

2. 你会唱中国歌吗？歌的名字叫什么？

3. 你喜欢不喜欢听音乐？喜欢听什么音乐？

五、复述所学的课文　（Retell the text）

六、学唱一首中国民族歌曲和一首流行歌曲

（Learn a Chinese folk song and a popular song）

听力练习 Listening exercises

一、听录音，找出你听到的词语

（Listen and underline the words you heard）

1. A. 中国音乐　　　B. 中国歌曲
   C. 中国舞曲　　　D. 中国京剧

2. A. 不喜欢　　　　B. 很会
   C. 喜欢　　　　　D. 在听

3. A. 感兴趣　　　　　　　B. 很感兴趣
   C. 不感兴趣　　　　　　D. 有点儿感兴趣

4. A. 辅导　　B. 老师　　C. 朋友　　D. 姐姐

二、听录音,回答问题　(Listen and answer the following questions)

1. 这首歌好听吗?
2. 男的听了几遍?
3. 这首歌是哪国的?
4. 这是一首什么歌?
5. 唱歌的是什么人?

三、听录音,判断正误

(True or false based on the following statements you heard)

1. 我喜欢音乐。(　　)
2. 我觉得中国音乐不好听。(　　)
3. 我每天上午听中国音乐。(　　)
4. 我会唱很多中国歌。(　　)

四、听录音,选择正确答案　(Listen and choose the right answers)

1. ＿＿＿＿你有空儿吗?
   A. 后天晚上　　B. 明天晚上　　C. 今天晚上　　D. 现在

2. 我有两张＿＿＿＿的票。
   A. 舞会　　B. 歌舞晚会　　C. 音乐会　　D. 京剧晚会

3. 音乐会＿＿＿＿开始。
   A. 八点　　B. 七点半　　C. 六点　　D. 八点半

第五课　唱中国歌　听中国音乐
Lesson 5　Sing Chinese song and listen to Chinese music

4. 音乐会演奏的是_____。
　　A. 外国流行音乐　　　　B. 日本民族音乐
　　C. 中国民族音乐　　　　D. 西洋音乐

5. 七点一刻我在_____等你。
　　A. 宿舍楼门口　　　　　B. 我的房间
　　C. 汽车站　　　　　　　D. 学校门口

五、听录音，填空　（**Listen and fill in the blanks**）
　　我很喜欢_____，_____的、_____的我都喜欢。_____我常常听音乐。我会唱_____中国歌。

六、听录音，整理句子　（**Listen and put the sentences in order**）
　　① 调儿很好听
　　② 我们都很喜欢
　　③ 今天老师教我们唱了一首中国歌
　　④ 是西北民歌

　　_____

课文（二）
Text 2

大卫：昨天晚上你去哪儿了？
玛丽：我和安妮去听了一场演唱会。真棒！
大卫：在什么地方？谁演唱的？

玛丽：中山大剧院。演员都叫什么来着？我忘了。反正是中国最红的歌星。

大卫：都唱什么歌了？

玛丽：有流行歌、民歌，还有外国歌。那些演员的嗓子可真够洪亮的。

大卫：他们演几场？我也想去看看。

玛丽：听说一共就演三场，今晚是最后一场。

大卫：票好买吗？

玛丽：不太好买。不行你等退票，运气好，能等到一张。

生词 New words

1. 演唱　　　yǎnchàng　　　to sing（in performance）
2. 反正　　　fǎnzheng　　　in any case
3. 红　　　　hóng　　　　　famous；popular
4. 歌星　　　gēxīng　　　　star singer
5. 外国　　　wàiguó　　　　foreign country
6. 洪亮　　　hóngliàng　　　loud and clear；sonorous
7. 退票　　　tuì piào　　　　return a ticket
8. 运气　　　yùnqi　　　　　luck；fortune

第五课　唱中国歌　听中国音乐
Lesson 5　Sing Chinese song and listen to Chinese music

注释 Notes

一、语言要点　（Grammar points）

1. "……来着"

    表示曾经发生过某事情。如：

    （1）你刚才说什么来着？

    （2）昨天你去商店买什么来着？

    （3）去年他在哪儿学汉语来着？

    （4）你忘了小时候爸爸怎么教育我们来着？

2. "反正"

    表示在任何情况下都不会改变结论或结果，常常和"无论""不论""不管"一起使用。如：

    （1）无论你同意不同意，反正我一定要去。

    （2）不论他怎么说，反正我不听他的。

    （3）不管天气好还是不好，反正我要去公园。

    （4）你去不去没关系，反正我要去。

3. "听说"

    听别人说，表示消息的来源，中间可以加上消息的发出者。如：

    （1）听说中国学校九月一号开学。

    （2）我听说他下星期去北京。

    （3）听小王说，老师病了，今天不上课。

    （4）听妈妈说，早睡早起对身体很好。

口语练习 Speaking exercises

一、用正确的语调朗读下面的句子

（Read the following sentences in correct intonation loudly）

1. 演员都叫什么来着？我忘了。
2. 反正是中国最红的歌星。
3. 有流行歌、民歌，还有外国歌。
4. 那些演员的嗓子可真够洪亮的。
5. 听说一共就演三场，今晚是最后一场。

二、替换练习 （Substitution drills）

1. 演员都叫什么来着？

| 你买 |
| 弟弟想穿 |
| 他喜欢 |
| 你朋友说 |

2. 那些演员的嗓子可真够洪亮的。

他妹妹	漂亮
汉语	难
这场雨	大
这盘菜	好吃

3. 听说一共就演三场。

| 他很会唱中国歌 |
| 你的汉语很好 |
| 想听这场音乐会的人很多 |
| 你们后天就要走了 |

第五课　　唱中国歌　听中国音乐
Lesson 5　Sing Chinese song and listen to Chinese music

三、用所给的词语完成对话
（Complete the following dialogues with the given words）

1. 男：昨晚的演唱会真棒！
   女：_____。（想）

2. 男：_____？（……来着）
   女：他叫杰夫。

3. 男：昨晚的歌舞晚会都有什么节目？
   女：_____。（有……还有……）

4. 男：安妮唱歌唱得怎么样？
   女：_____。（听说）

5. 男：天阴了，看样子要下雨，你还去买东西吗？
   女：不管天气好不好，_____。（反正）

四、回答问题　（Answer the following questions）

1. 你听过中国音乐吗？你觉得怎么样？
2. 你会唱中国歌吗？叫什么名字？
3. 你一般什么时候听音乐？
4. 你喜欢唱歌还是喜欢听音乐？为什么？
5. 你们班谁唱歌最好听？
6. 你们开过联欢会吗？你演了什么节目？

五、复述所学的课文　（Retell the text）

六、讨论　（Discussion）

1. 谈谈你喜欢的一首歌曲。
2. 听一首中国乐曲，谈谈你的感受。

七、学唱一首中国民族歌曲和一首流行歌曲

(Learn a Chinese folk song and a popular song)

听力练习 Listening exercises

一、听录音,找出你听到的词语 (Listen and underline the words you heard)

1. A. 古典音乐　　B. 流行音乐　　C. 轻音乐　　D. 儿童音乐
2. A. 歌舞晚会　　B. 联欢会　　　C. 戏剧晚会　D. 演唱会
3. A. 时髦　　　　B. 过时　　　　C. 流行　　　D. 不受欢迎
4. A. 歌星　　　　B. 影星　　　　C. 舞星　　　D. 体育明星

二、听录音,回答问题 (Listen and answer the following questions)

1. 女的班新年晚会演什么?
2. 歌曲的名字是什么?
3. 男的班演什么节目?
4. 他俩的二胡拉了多长时间?每天都练几个小时?
5. 女的认为演出可能会怎么样?

三、听录音,判断正误

(True or false based on the following statements you heard)

1. 我来中国刚一年。(　　)
2. 我喜欢听音乐,但我只听外国音乐。(　　)
3. 我喜欢边看书边听音乐。(　　)
4. 我学会了几首中国流行歌曲。(　　)
5. 我准备在晚会上给大家演唱我刚学的歌。(　　)

第五课　　唱中国歌　听中国音乐
Lesson 5　Sing Chinese song and listen to Chinese music

四、听录音,选择正确答案　(Listen and choose the right answers)

1. 男的正在听_____。
   A. 课文录音　　B. 音乐录音　　C. 生词录音　　D. 晚会录音

2. 男的前几天下载的音乐是_____。
   A. 中国影视金曲　　　　　　B. 中国流行金曲
   C. 中国现代歌曲　　　　　　D. 中国古典歌曲

3. 这些歌曲是这几年电影电视里演唱过的_____。
   A. 流行歌　　B. 古典歌　　C. 抒情歌　　D. 悲伤歌

4. 女的从手机上下载了一些_____。
   A. 中国民间音乐　　　　　　B. 中国民族音乐
   C. 中国古典音乐　　　　　　D. 中国流行音乐

五、听录音,填空　(Listen and fill in the blanks)

1. 安妮的_____真棒,歌唱得非常_____。
2. 最近她和_____学了几首中国_____的歌,打算在_____上演唱。

六、听录音,整理句子　(Listen and put the following sentences in order)

① 我和大卫七点一刻就到剧场了
② 演唱会棒极了
③ 昨晚的演唱会七点半才开演
④ 演唱的几个歌星都是中国最红的
⑤ 剧场里人基本已经满了

_____

课文（三）
Text 3

大卫： 玛丽，听说你和中国朋友学了好几首中国歌，怎么样，下星期开联欢会，你给大家表演表演吧。

玛丽： 哟，你可真会开玩笑。我刚学了一次怎么能上台呢？你找安妮吧，她唱的那首《茉莉花》那才叫好听呢！

大卫： 是吗？听说《茉莉花》是一首中国江南地区的曲子，曲调儿很有特色。

玛丽： 对。它原是江浙地区流传的民间小曲，是用茉莉花比喻甜美的爱情。这首歌很有名，我来中国以前就听过。

大卫： 那我回国前一定要学会。对了，前几天中国朋友向我推荐了一首小提琴协奏曲，名字叫《梁祝》，好像是古代两个人的名字。

玛丽： 没错儿，是梁山伯与祝英台，讲的是这对情人的爱情故事，不过是个悲剧。

大卫： 你听过吗？

玛丽： 听过。我挺喜欢这首曲子的，每听一遍都掉一次泪。

大卫： 真的？这么感动啊？我想听听。

玛丽： 我的手机里下载了，一会儿我发给你。

大卫： 好，不着急。今天到你这儿坐了一会儿，收获可真不小，学了好多中国音乐的知识。你就是我的音乐老师。

玛丽： 哪里。过奖了。

第五课 唱中国歌 听中国音乐
Lesson 5 Sing Chinese song and listen to Chinese music

生词 New words

1. 联欢　　　　　　　liánhuān　　　　　　　have a get-together (or a party)
2. 表演　　　　　　　biǎoyǎn　　　　　　　 to act; to perform; performance
3. 开玩笑　　　　　　kāi wánxiào　　　　　　make fun of; crack a joke
4. 《茉莉花》　　　　Mòlìhuā　　　　　　　 *Jasmin*, *name of a song*
5. 调儿　　　　　　　diàor　　　　　　　　　tune
6. 民间　　　　　　　mínjiān　　　　　　　　folk
7. 比喻　　　　　　　bǐyù　　　　　　　　　 metaphor
8. 小提琴协奏曲　　　xiǎotíqín xiézòuqǔ　　　violin concerto
9. 《梁祝》　　　　　Liángzhù　　　　　　　 *Butterfly Lovers*
10. 讲　　　　　　　 jiǎng　　　　　　　　　to speak; to tell
11. 情人　　　　　　 qíngrén　　　　　　　　lovers
12. 悲剧　　　　　　 bēijù　　　　　　　　　tragedy
13. 下载　　　　　　 xiàzài　　　　　　　　 to download

注释 Notes

一、语言要点　(Grammar points)

1. "我刚学了一次怎么能上台呢?"

   反问句,意思是"我刚学了一次,还不能上台表演"。如:

   (1)他才学了一个星期汉语,怎么能看中国电影呢?(意思是:不能看中国电影。)

(2)我才吃了一个面包怎么能饱呢?(意思是:我没吃饱,还要吃。)

(3)你去旅行,我哪儿能不去呢?(意思是:我也要去旅行。)

(4)外面正在下雨,你还能走?(意思是:你不能走。)

2. "才叫……呢"

意思与"很""非常""真"相同。如:

(1)这件衣服才叫漂亮呢!

(2)这篇课文才叫难呢!

(3)他弟弟说话才叫快呢!

(4)今天天气才叫热呢!

3. "这么……啊"

用于感叹句,也可以使用"那么",意思是"真……"。如:

(1)男:我今天一天学了50个生词。

　　女:这么多啊。

(2)男:听说中国的东北冬天零下三十多度。

　　女:那么冷啊,冬天我可不想去那儿。

(3)男:马克口语考试得了98分。

　　女:这么棒啊!得向他祝贺祝贺。

4. "过奖了"

别人赞扬自己时的一种自谦的说法。如:

(1)甲:你的汉语说得真好。

　　乙:过奖了,过奖了。

(2)甲:你的中国歌唱得真好听。

　　乙:您过奖了,唱得不好。

(3)甲:太谢谢了,你真是个热心人,帮我拿了这么多东西。

　　乙:您过奖了,这是我应该做的。

第五课　唱中国歌　听中国音乐
Lesson 5　Sing Chinese song and listen to Chinese music

二、相似说法　（The similar expressions）

  1. 你可真会开玩笑。

    （1）你可真会开我的玩笑。

    （2）你可真会拿我开心。

  2. 收获可真不小。

    （1）收获可真不少。

    （2）收获真大。

口语练习 Speaking exercises

一、用正确的语调朗读下面的句子

  （Read the following sentences in correct intonation loudly）

  1. 她唱的那首《茉莉花》那才叫好听呢！

  2. 听说《茉莉花》是一首中国江南地区的曲子，曲调儿很有特色。

  3. 这首歌很有名，我来中国以前就听过。

  4. 我回国前一定要学会唱这首歌。

二、替换练习　（Substitution drills）

  1. 我刚<u>学了一次</u>怎么能<u>上台</u>呢？

会说一点儿汉语	演讲
买了两个苹果	送人
来中国一个星期	说汉语
吃了一个包子	吃饱

2. 她唱的那首《茉莉花》那才叫好听呢!

买	那件衣服		便宜
做	饺子		好吃
说	汉语		流利
唱	陕北民歌		棒

三、用所给的词语完成对话

(Complete the following dialogues with the given words)

1. 男：你演奏的这首曲子真好听！
    女：_____。（才叫……呢）

2. 男：这首协奏曲是什么意思？
    女：_____。（觉得）

3. 男：我喜欢听悲伤的音乐，你呢？
    女：_____。（反正）

4. 男：听说大卫唱歌比赛得了奖。
    女：_____。（这么……啊）

四、回答问题　(Answer the following questions)

1. 你喜欢听中国歌吗？你会唱吗？
2. 你喜欢听什么音乐？一般什么时候听音乐？
3. 你听过中国的民族音乐吗？你觉得哪个民族的最好听？
4. 古典音乐和现代音乐你最喜欢哪种？
5. 介绍一首你们国家比较有名的歌曲。

五、复述所学的课文　(Retell the text)

第五课　唱中国歌　听中国音乐
Lesson 5　Sing Chinese song and listen to Chinese music

六、讨论 (Discussion)

1. 谈谈你看过的印象最深的一次文艺演出。

2. 说一说听音乐对人的身体健康有什么好处。

3. 听一首中国乐曲,谈谈你的感受。

七、学唱一首中国民族歌曲和一首流行歌曲
  (Learn a Chinese folk song and a popular song)

听力练习 Listening exercises

一、听录音,找出你听到的词语 (Listen and underline the words you heard)

1. A. 现代音乐　　　　B. 流行音乐
   C. 古典音乐　　　　D. 轻音乐

2. A. 大提琴独奏曲　　B. 钢琴协奏曲
   C. 二胡独奏曲　　　D. 小提琴协奏曲

3. A. 中国民族音乐　　B. 中国古典音乐
   C. 中国流行音乐　　D. 中国传统音乐

二、听录音,回答问题 (Listen and answer the following questions)

1. 女的想学什么?她为什么想学?

2. 女的想学哪方面的歌?

3. 女的想学什么样的民族歌?对学流行歌有什么要求?

4. 谁可以教女的唱民歌?为什么?

5. 谁可以教她唱流行歌?为什么?

三、听录音,判断正误

(True or false based on the following statements you heard)

1. 昨晚我听了一场古典音乐会。(   )
2. 这场音乐会是中国民族乐团演奏的。(   )
3. 整个演出还可以,但我不喜欢。(   )
4. 我以前听过用西洋乐器演奏的中国民族音乐。(   )
5. 这么好听的音乐我终生难忘。(   )

四、听录音,选择正确答案 (Listen and choose the right answers)

1. 昨天音乐会的_____《二泉映月》真好听。
   A. 二胡独奏曲   B. 钢琴独奏曲
   C. 琵琶独奏曲   D. 小提琴独奏曲

2. 那是一首_____的二胡曲。
   A. 无名   B. 著名
   C. 有点儿名   D. 没听说过

3. _____,他常在无锡的街头拉这首曲子。
   A. 20世纪60年代   B. 20世纪30年代
   C. 20世纪40年代   D. 20世纪70年代

4. 用_____下载一首《二泉映月》的曲子。
   A. 手机   B. 电视
   C. 电脑   D. 手表

五、听录音,填空 (Listen and fill in the blanks)

我看的歌舞晚会很_____,有_____、_____、_____和舞蹈等节目。有个_____最受欢迎,是一个现在最红的

第五课　唱中国歌　听中国音乐
Lesson 5　Sing Chinese song and listen to Chinese music

_____演唱的,不论_____还是_____都喜欢他。我最喜欢那个_____舞。

六、听录音,整理句子　(**Listen and put the following sentences in order**)

① 我想我们一定会大饱眼福
② 老师告诉我们中秋晚会的节目很精彩
③ 安妮唱中国歌
④ 老师也要演节目
⑤ 两个美国同学要跳现代舞
⑥ 大卫表演二胡独奏

_____

补充生词
(Supplementary new words)

1.	民族	mínzú	national; nation
2.	舞曲	wǔqǔ	dance music
3.	爱情	àiqíng	love
4.	年轻人	niánqīngrén	young people
5.	老年人	lǎoniánrén	old people
6.	舞会	wǔhuì	dance; ball
7.	歌舞	gēwǔ	song and dance
8.	音乐会	yīnyuèhuì	concert
9.	演奏	yǎnzòu	play a musical instrument in a performance
10.	西洋	Xīyáng	Western world
11.	古典	gǔdiǎn	classical
12.	轻音乐	qīngyīnyuè	light music

13.	戏剧	xìjù	opera; drama; play
14.	时髦	shímáo	popular
15.	过时	guòshí	out-of-date; outdated
16.	影星	yǐngxīng	film star
17.	舞星	wǔxīng	dance star
18.	体育明星	tǐyù míngxīng	sport star
19.	二胡	èrhú	erhu (*Chinese two-stringed fiddle*)
20.	精彩	jīngcǎi	wonderful
21.	金曲	jīnqǔ	popular music
22.	抒情	shūqíng	lyric
23.	陶醉	táozuì	intoxicated
24.	悲伤	bēishāng	sad
25.	《二泉映月》	Èr Quán Yìng Yuè	*The Moon's Reflection on the Second Spring* (*a famous melody for erhu playing*)
26.	凄凉	qīliáng	bleak; desolate
27.	回味无穷	huíwèi wúqóng	leave prolonged aftertaste
28.	盲人	mángrén	blind person
29.	琵琶	pípa	*a plucked string instrument with a fretted fingerboard*

第五课　唱中国歌　听中国音乐
Lesson 5　Sing Chinese song and listen to Chinese music

中国文化点滴
（Chinese culture snack）

中国有五千年的文明史,有56个勤劳智慧的民族。56个民族又以自己独特的民族歌曲丰富了中华音乐文化宝库,使中国成为世界上少有的歌声遍地的国家。

中国民歌内容题材广泛,包罗万象,有表达男女爱情的情歌,有伴随放牧狩猎的牧歌,有赞美家乡山水的赞歌,还有反映民族风俗习惯的山歌。

各民族人民性格不同,唱出的歌曲风格也不同。蒙古民歌悠长辽阔,新疆民歌奔放,藏族民歌嘹亮豪迈,江南水乡的汉族歌曲和它的优美家乡一样温柔多情。云南少数民族最多,在各种歌节歌会上赛歌、对歌又成了中国民歌的一大民族特色。

第六课　过周末

Lesson 6　Spend the weekend

扫码听录音

课文（一）
Text 1

李丽：　　又 到 周末 了，你打算 干 什么？
Lǐ Lì:　　Yòu dào zhōumò le, nǐ dǎsuan gàn shénme?

王文：　　我 想 回家 看看。
Wáng Wén: Wǒ xiǎng huí jiā kànkan.

李丽：　　是啊，常 回家 看看 吧。你家在哪儿？
Lǐ Lì:　　Shì a, cháng huí jiā kànkan ba. Nǐ jiā zài nǎr?

王文：　　火车站　　旁边。
Wáng Wén: Huǒchēzhàn pángbiān.

李丽：　　那我们 明天 一起走， 正好 我去买些吃的，
Lǐ Lì:　　Nà wǒmen míngtiān yìqǐ zǒu, zhènghǎo wǒ qù mǎixiē chī de,

第六课　过周末
Lesson 6　Spend the weekend

这个　周末　好好儿　吃一顿。
zhège zhōumò hǎohāor　chī yí dùn.

王文：　明天　什么　时候　走？
Wáng Wén：Míngtiān shénme shíhou zǒu?

李丽：　我　十　点　来　找　你。
Lǐ Lì：　Wǒ shí diǎn lái zhǎo nǐ.

王文：　那　明天　见！
Wáng Wén：Nà míngtiān jiàn！

生词 New words

1. 过　　　　　guò　　　　　　　　to spend
2. 一起　　　　yìqǐ　　　　　　　together
3. 些　　　　　xiē　　　　　　　　some
4. 好好儿　　　hǎohāor　　　　　　all out；to one's heart's content
5. 顿　　　　　dùn　　　　　　　　*a measure word*
6. 明天见　　　míngtiān jiàn　　　see you tomorrow

注释 Notes

一、语言要点　（Grammar point）

"好好儿"

　　意思是尽力地，尽情地。如：

"好好儿" means "all out". For example：

(1)考试结束了,我得好好儿睡一觉了。(Kǎoshì jiéshù le, wǒ děi hǎohāor shuì yí jiào le. The exam has finished, I must have a good sleep.)

(2)这个房间要好好儿打扫一下。(Zhège fángjiān yào hǎohāor dǎsǎo yíxià. Give the room a thorough cleaning.)

(3)你得好好儿谢谢老师。(Nǐ děi hǎohāor xièxie lǎoshī. You'll really have to thank the teacher.)

二、相似说法 (The similar expressions)

1. 又到周末了。

(1)又是周末了。

(2)又快周末了。

2. 火车站旁边。

(1)火车站附近。

(2)离火车站不远。

口语练习 Speaking exercises

一、用正确语调朗读下面的句子

(Read the following sentences in correct intonation loudly)

1. 又到周末了,你打算干什么?

2. 常回家看看吧。

3. 这个周末我得好好儿吃一顿。

4. 我十点来找你。

第六课　过周末
Lesson 6　Spend the weekend

二、替换练习　（Substitution drills）

1. 我想回家看看。

| 玩儿个痛快 |
| 回国 |
| 买一件毛衣 |
| 明天去超市 |

2. 我们一起走，正好我去买些吃的。

我也去买笔	给你带一支
我去教室	帮你请假
你去买菜	带些水果
我去图书馆	帮你还书

三、回答问题　（Answer the following questions）

1. 这个周末你干什么？
2. 在国内，你周末一般做什么？
3. 你的爸爸妈妈怎么过周末？

四、用所给的词语完成对话

（Complete the follwing dialogues with the given words）

1. 男：这个周末你干什么？
   女：_____。（打算）

2. 男：_____？（哪儿）
   女：我去买东西。

3. 男：_____？（周末）
   女：我想回家看看爸爸妈妈。

4. 男：明天星期日，你去哪儿？
   女：_____。（好好儿）

五、复述所学的课文　（Retell the text）

听力练习 Listening exercises

一、听录音,找出你听到的词语 (Listen and underline the words you heard)

1. A. 今天　　　B. 星期天　　　C. 明天　　　D. 星期六

2. A. 很忙　　　B. 不忙　　　　C. 没事　　　D. 很长

3. A. 喜爱　　　B. 喜欢　　　　C. 高兴　　　D. 愉快

二、听录音,回答问题 (Listen and answer the following questions)

1. 这段话讲了什么内容?
2. 有了电视、微信有哪些好处?

三、听录音,判断正误

(True or false based on the following dialogue you heard)

1. 男的周末去跳舞。(　　)
2. 女的想去吃肯德基。(　　)
3. 女的喜欢吃中国的快餐。(　　)
4. 他们都不喜欢吃冰激凌。(　　)

四、听录音,选择正确答案 (Listen and choose the right answers)

1. 田中假期打算做什么?
　　A. 旅行　　　B. 学习　　　C. 回国　　　D. 去南京

2. 田中旅行的路线是:
　　A. 北京——山西——云南
　　B. 山西——北京——云南
　　C. 云南——北京——山西

第六课　　过周末
Lesson 6　　Spend the weekend

6

3. 田中到哪儿看朋友？
   A. 北京　　　B. 云南　　　C. 山西

4. 女的怎么知道云南很美？
   A. 去过　　　B. 听说过　　　C. 不知道　　　D. 非常熟悉

五、听录音，填空　（Listen and fill in the blanks）

1. 我跟女朋友_____去了。

2. 听说你_____有女朋友了。

3. 我们下个月_____。

六、听录音，整理句子　（Listen and put the following sentences in order）

① 还行。你怎么样？

② 好啊！我也正想休息一下呢。十点我去你家找你。

③ 凑合吧。明天是周末，我们聚一聚吧！

④ 好久不见了，最近还好吗？

_____

七、听录音，复述内容　（Listen and retell）

课文（二）
Text 2

大卫：时间过得真快，一转眼又到周末了。

玛丽：你这周末打算干点儿什么？

大卫：上周末我陪女朋友逛街了，这周末准备去看看电影，你呢？

玛丽：我还没想好呢。昨天在网上买了一些东西，说是周末到，我得等快递。

大卫：现在网购可真够方便的，不出家门什么都可以买到。对了，我也有一个快递大概明天到，你帮我一块儿拿了？

玛丽：没问题。前几天老师说下周一有个小考试，我这周末要好好儿复习复习。

大卫：还学什么呀！你已经学得挺好的了。星期天和我们一起看电影去吧？

玛丽：那也行。

大卫：一言为定，星期天见。

玛丽：好，星期天见。

生词 New words

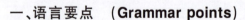

1. 一转眼	yì zhuǎnyǎn	in a moment; instant
2. 逛街	guàng jiē	go shopping
3. 快递	kuàidì	express
4. 一言为定	yì yán wéi dìng	that's settled then; keep one's word

注释 Notes

一、语言要点 （Grammar points）

"学什么呀"

反问句,常常用肯定句的形式表示否定的意思。如：

(1) 你客气什么呀！（意思是：不用客气。）

第六课　过周末
Lesson 6　Spend the weekend

　　(2)急什么呀！慢慢儿说。(意思是:不用急。)

　　(3)忙什么呀,有我呢！(意思是:不用忙。)

二、相似说法　(The similar expressions)

　　1.我这周末要好好儿复习复习。

　　　(1)我这周末得好好儿复习复习。

　　　(2)我这周末应该好好儿复习复习。

　　2.你已经学得挺好的了。

　　　(1)你已经学得够好的了。

　　　(2)你已经学得很好了。

　　　(3)你已经学得很不错了。

　　3.一言为定,星期天见。

　　　(1)就这么定了,星期天见。

　　　(2)说好了,星期天见。

　　　(3)定好了,星期天见。

口语练习 Speaking exercises

一、用正确的语调朗读下面的句子

(Read the following sentences in correct intonation loudly)

　　1.这周末准备去看看电影,你呢?

　　2.现在网购可真够方便的。

　　3.还学什么呀！你已经学得挺好的了。

　　4.一言为定。

二、替换练习 (Substitution drills)

1. 一转眼又到周末了。

| 假期 |
| 北京 |
| 年底 |
| 月初 |

2. 我这周末要好好儿复习复习。

星期日	好好儿睡一觉
星期六	买点儿好吃的
下午	去看你
晚上	舒舒服服喝点儿酒

三、回答问题 (Answer the following questions)

1. 你的家人怎样过周末?
2. 来中国以后,你周末的活动有什么变化吗?

四、用所给的词语完成对话

(Complete the following dialogues with the given words)

1. 男:好久不见了,最近忙什么呢?
   女:_____。(在)

2. 男:_____?(出发)
   女:我们十点走吧。

3. 男:这个周末我请客,你一定要来啊!
   女:_____。(一言为定)

第六课　过周末
Lesson 6　Spend the weekend

6

4. 男：我们一块儿去逛街怎么样？

   女：_____。（有事）

五、复述所学的课文　(Retell the text)

听力练习 Listening exercises

一、听录音，找出你听到的词语　(Listen and underline the words you heard)

1. A. 刚才　　B. 刚　　C. 昨天　　D. 今天

2. A. 舒畅　　B. 舒坦　　C. 舒心　　D. 舒服

3. A. 工作　　B. 工厂　　C. 打球　　D. 打工

二、听录音，回答问题　(Listen and answer the following questions)

1. 男的正在干什么？
2. 女的想去干什么？
3. 男的让女的干什么？

三、听录音，判断正误

(True or false based on the following dialogue you heard)

1. 两个人明天都有安排。（　　）
2. 男的要举行婚礼，邀请女的参加。（　　）
3. 婚礼在九洲饭店举行。（　　）
4. 选择周末或节假日结婚，朋友们不用请假。（　　）

四、听录音，选择正确答案　(Listen and choose the right answers)

1. 快到什么时候了？

   A. 春节　　B. 一月一日　　C. 正月初一

2. 他们去景山宾馆做什么？
   A. 先游泳，再吃饭，最后打保龄球
   B. 先打保龄球，再吃饭，最后游泳
   C. 先吃饭，再游泳，最后打保龄球

3. 景山宾馆是什么样的宾馆？
   A. 只能吃、住的四星级宾馆
   B. 可以吃、住、玩儿的多功能四星级宾馆
   C. 可以游泳、打保龄球的三星级宾馆

五、听录音，填空　(Listen and fill in the blanks)

好不容易又到＿＿＿＿＿了，这周末＿＿＿＿＿要好好儿地＿＿＿＿＿＿＿＿＿。这星期有期中＿＿＿＿＿，整整考了三天，忙了＿＿＿＿＿。星期天一定要去和平广场五楼＿＿＿＿＿院看场美国大片，＿＿＿＿＿去四楼川味馆大吃一顿。

六、听录音，整理句子　(Listen and put the following sentences in order)

① 你们千万别客气
② 吃完饭唱唱歌，跳跳舞
③ 我们先吃饭
④ 好好儿放松放松
⑤ 这个周末我请客
⑥ 反正第二天不上班

＿＿＿＿＿＿＿＿＿＿＿＿＿＿＿

七、听录音，复述内容　(Listen and retell)

第六课　　过周末
Lesson 6　　Spend the weekend

课文（三）
Text 3

王文：欢迎你们来做客。

安妮：你家好大呀！三室两厅吧！

王文：对。两个卧室，一个书房，一个餐厅，还有一个客厅。

安妮：足够用了。

王文：你们随便吃，随便聊。

安妮：你也别忙了，过来坐一会儿吧！

王文：这就来。（端来一盘水果）

彼得：我是单身汉，周末对我来说就是吃了睡，睡了吃。

玛丽：你可千万别这样，我们不都是你的朋友吗？以后我们大家一起玩儿。

安妮：周末就我一个人的时候，我就在家听听音乐，上上网，一上就是几个小时。

王文：我的周末大部分都是和朋友一起度过的，像今天这样，或者出去玩儿，像爬山啦，唱歌啦，去酒吧、看电影什么的。到街上一转准能找到可去的地方，所以总是很开心。

彼得：我们跟你在一起也开心啊。

王文：开心是开心，可是我还得去打工。每周六、周日一点到四点都要去教英语，周末和平时一样忙。

安妮：忙是忙，可是赚到钱不也很开心吗？

王文：是啊！我看今天天气不错，我们去海边野餐怎么样？
众人：太好了。
玛丽：我先去自助取款机上取点儿钱，然后就去准备。

生词 New words

1. 单身汉　　　　dānshēnhàn　　　　bachelor
2. 千万　　　　　qiānwàn　　　　　 must；be sure to
3. 大部分　　　　dàbùfen　　　　　 majority
4. 转　　　　　　zhuàn　　　　　　 take a leisurely walk；to stroll
5. 打工　　　　　dǎ gōng　　　　　 do work for others
6. 赚钱　　　　　zhuàn qián　　　　make money
7. 自助取款机　　zìzhù qǔkuǎnjī　　 ATM

注释 Notes

一、语言要点 （Grammar points）

1. "这就来"

"这"意思是"现在"。指说话的时候。如：

(1) 他这才知道运动的好处。

(2) 我这就搬走。

(3) 我这才明白。

第六课　过周末
Lesson 6　Spend the weekend

2. "千万"

意思是"一定""必须"。常用在恳切叮嘱别人的时候。多用于否定句。如：

(1) 你千万别生气。

(2) 这件事你千万不要告诉别人。

(3) 他的话，你千万别信。

二、相似说法　(The similar expressions)

1. 我的周末大部分都是和朋友一起度过的。

   (1) 我的周末大部分都是同朋友一起度过的。

   (2) 我的周末大部分都是跟朋友一起度过的。

   (3) 我的周末大部分都是与朋友一起度过的。

2. 我看今天天气不错。

   (1) 我觉得今天天气不错。

   (2) 我看今天天气很好。

   (3) 我觉得今天天气还不错。

口语练习 Speaking exercises

一、用正确的语调朗读下面的句子

(Read the following sentences in correct intonation loudly)

1. 我在家听听音乐，上上网。

2. 我们跟你在一起也开心啊。

3. 我先去自助取款机上取点儿钱。

二、替换练习 （Substitution drills）

1. 周末对我来说,就是吃了睡,睡了吃。

汉字	欧美人	很难
北方	南方人	太冷了
这个菜	我	太辣了
钱	他	并不重要

2. 你可千万别这样。

周末去郊游	别忘了
你的护照	别丢了
明天考试	来早点儿
妈妈的话	要记住

3. 我们不都是你的朋友吗?

我们班同学	外国人
我赚的钱	给你的
这些衣服	很漂亮的
南方的水果	很好吃的

三、回答问题 （Answer the following questions）

1. 你们国家的娱乐场所多吗?介绍一下。
2. 你认为周末休息几天最合适?
3. 年轻人和老年人过周末有什么不同?

四、完成对话 （Complete the following dialogues）

1. 男:周末对我来说很无聊,你呢?
   女:_____。

第六课　过周末
Lesson 6　Spend the weekend

2. 男：你喜欢跳舞还是打太极拳？
   女：_____。

3. 男：时间过得真快，一个学期结束了，想不想去哪儿玩儿玩儿？
   女：_____。

五、讨论 （Discussion）

1. 你觉得怎么过周末有意思？
2. 你觉得周末应该睡觉、玩儿还是学习？
3. 有人把周末作为干家务的时间，你觉得怎么样？
4. 谈谈你度过的最有意思的一个周末。

听力练习 Listening exercises

一、听录音，找出你听到的词语 （Listen and underline the words you heard）

1. A. 宿舍　　B. 餐厅　　C. 书房　　D. 客房
2. A. 听歌　　B. 上网　　C. 上山　　D. 音乐会
3. A. 今天　　B. 喝茶　　C. 酒吧　　D. 买酒

二、听录音，回答问题 （Listen and answer the following questions）

1. 男的家怎么样？
2. 昨天男的去哪儿了？
3. 男的为什么买书？
4. 女的想在哪儿买书？

三、听录音,判断正误

(True or false based on the following statements you heard)

1. 周末人们都很忙。(　　)

2. 人们都想在周末好好儿休息,放松一下。(　　)

3. 周末人们只喜欢睡觉或者逛公园。(　　)

4. 有些人周末也要工作。(　　)

四、听录音,选择正确答案　(Listen and choose the right answers)

1. 对说话人来说,星期六怎么样?
　A. 可以好好儿睡觉　　　B. 可以学习英语和汉语
　C. 和平时一样没有意思　D. 有点儿累,可是很充实

2. 说话人星期六打工多长时间?
　A. 2个小时　　B. 4个小时　　C. 3个小时

3. 说话人几点离开家去打工?
　A. 七点　　　B. 七点半　　　C. 八点

4. 从录音中可以知道:
　A. 说话人愿意打工　　B. 说话人不愿意打工　　C. 无所谓

五、听录音,填空　(Listen and fill in the blanks)

又到_____了,应该_____。我打算去_____。我看郊游是一个很不错的活动。对一个_____来说再好不过了。我要准备好很多东西,_____啦、旅行包啦、_____啦、旅游鞋什么的。

六、听录音,整理句子　(Listen and put the following sentences in order)

① 我听说最近上演了一部新片子

② 好像是爱情片儿,还是悲剧

第六课　过周末
Lesson 6　Spend the weekend

③ 明天周末，我们去看电影吧
④ 电影的名字我忘了

补充生词（Supplementary new words）

1.	快餐	kuàicān	quick meal; fast-food
2.	冰激凌	bīngjīlíng	ice cream
3.	结婚	jié hūn	to marry; get married
4.	聚	jù	get together
5.	丈夫	zhàngfu	husband
6.	四星级	sìxīngjí	four-star
7.	放松	fàngsōng	to relax
8.	充实	chōngshí	substantial; rich
9.	睡懒觉	shuì lǎnjiào	get up late; sleep in
10.	旅游鞋	lǚyóuxié	sneakers; tourist shoes

中国文化点滴
（Chinese culture snack）

中国的传统曲艺节目有相声、评书、京剧和地方戏曲等。评书形成于清代北京，传统书目有《杨家将》《岳飞传》《隋唐》《三国》《西游记》《济公传》等。评书表演仅有演员一人，只说不唱，只要一块醒木，拍一下桌子就开始了。传统表演一般每次只说一回，往往说到关键处停住，让观众下次接着听，一部书要讲几个月。艺人能把人物说得活灵活现，非常吸引人，所以每个说书场总有许多风雨无阻的听书人。现在，一些中老年人仍然很喜欢听评书，甚至散步的时候也拿着手机或收音机边走边听。如果你也想听听，可以用手机下载听书的APP，就可以找到相声、评书等各种曲艺节目。

第七课　谈运动

Lesson 7　Talk about the sports

课文（一）
Text 1

王文：　　你喜欢打 网球 吗？
Wáng Wén：Nǐ xǐhuan dǎ wǎngqiú ma?

山姆：　　喜欢，一有 时间 我 就去 打。
Shānmǔ：Xǐhuan, yì yǒu shíjiān wǒ jiù qù dǎ.

王文：　　打得 怎么样？
Wáng Wén：Dǎ de zěnmeyàng?

山姆：　　还 可以吧。
Shānmǔ：Hái kěyǐ ba.

王文：　　你还 喜欢 什么 运动 呢？
Wáng Wén：Nǐ hái xǐhuan shénme yùndòng ne?

山姆： 我 喜欢 的 运动 可多 了，比如 游泳、爬山、踢
Shānmǔ： Wǒ xǐhuan de yùndòng kě duō le, bǐrú yóu yǒng、pá shān、tī

足球 什么 的。
zúqiú shénmede.

王文： 我 也 喜欢 游泳，可 不 喜欢 踢 足球。
Wáng Wén： Wǒ yě xǐhuan yóu yǒng, kě bù xǐhuan tī zúqiú.

山姆： 踢 足球那 才 锻炼 身体 呢！
Shānmǔ： Tī zúqiú nà cái duànliàn shēntǐ ne!

生词 New words

1. 运动 yùndòng sport
2. 网球 wǎngqiú tennis
3. 游泳 yóu yǒng to swim; swimming
4. 爬山 pá shān climb the hill
5. 锻炼 duànliàn do exercises; have physical training
6. 身体 shēntǐ body

注释 Notes

一、语言要点 (Grammar point)

"……什么的"

举例子时使用，常放在几个并列的成分后，和"比如""例如"等一起使用。如：

"……什么的" is used in giving examples. It is often placed after several pa-

第七课　　谈运动
Lesson 7　　Talk about the sports

rallel elements in a sentence. It is often used with "比如,例如". For example:

(1) 我会说很多种语言,比如英语、日语、汉语什么的。(Wǒ huì shuō hěn duō zhǒng yǔyán, bǐrú Yīngyǔ、Rìyǔ、Hànyǔ shénmede. I can speak many languages, such as English, Japanese, Chinese and so on.)

(2) 周末我喜欢睡觉、看电视什么的。(Zhōumò wǒ xǐhuan shuì jiào、kàn diànshì shénmede. I like to sleep, to watch TV and so on on the weekend.)

(3) 我去商店买了点儿苹果、面包什么的。(Wǒ qù shāngdiàn mǎile diǎnr píngguǒ、miànbāo shénmede. I went to the store and bought some apples, bread etc..)

二、相似说法　(The similar expressions)

1. 打得怎么样?
   (1) 打得好不好?
   (2) 打得不错吧?

2. 我喜欢的运动可多了,比如游泳、爬山、踢足球什么的。
   (1) 我喜欢的运动多着呢,例如游泳、爬山、踢足球什么的。
   (2) 我喜欢很多运动,游泳、爬山、踢球等我都喜欢。

口语练习 Speaking exercises

一、用正确语调朗读下面的句子
(Read the following sentences in correct intonation loudly)

1. 一有时间我就去打。
2. 你网球打得怎么样?

3. 我喜欢的运动可多了!

4. 我喜欢游泳,可不喜欢踢足球。

5. 踢足球那才锻炼身体呢!

二、替换练习 (**Substition drills**)

1. 你喜欢打网球吗?

| 篮球 |
| 乒乓球 |
| 羽毛球 |
| 高尔夫球 |

2. 我一有时间就打球。

你	看	明白了
他	学	会
我	看书	想睡觉
我	见到她	喜欢上她了

3. 打得怎么样?

| 学 |
| 玩儿 |
| 讲 |
| 画 |

4. 我喜欢的运动可多了!

游泳	累
京剧	好看
他的爱好	多

三、回答问题 (**Answer the following questions**)

1. 你最喜欢什么运动?为什么?

2. 你每天都锻炼吗?每天锻炼多长时间?

四、完成对话 (**Complete the following dialogues**)

1. 男:一会儿去打网球怎么样?

   女:_____。

2. 男:你喜欢什么运动?

   女:_____。

第七课　谈运动
Lesson 7　Talk about the sports

3.男：你喜欢游泳和爬山吗？
　女：_____。

五、复述所学的课文　（Retell the text）

六、看图说话　（Tell a story based on the following picture）

听力练习 Listening exercises

一、听录音,选择正确答案　（Listen and choose the right answers）

1.和谁一起去办公楼？
　A.同学　　　B.同屋　　　C.同志　　　D.朋友

2.几点上体育课？
　A.1:25　　　B.1:15　　　C.1:05　　　D.1:30

二、听录音,回答问题 (Listen and answer the following questions)
1. 说话人和安妮一起去做什么?
2. 他们什么时间去?
3. 保龄球馆在什么地方?

三、听录音,判断正误

(True or false based on the following statements you heard)
1. 秋天去爬山不好。（   ）
2. 冬天长跑、夏天游泳都不好。（   ）
3. 夏天游泳很好。（   ）
4. 秋天天气不好,没有适合的运动。（   ）

四、听录音,选择正确答案 (Listen and choose the right answers)
1. 说话人想学什么?
   A. 武术   B. 太极拳   C. 划船

2. 说话人的朋友说什么?
   A. 很多老年人喜欢打太极拳
   B. 年轻人也喜欢太极拳
   C. 太极拳是老年人的运动

3. 说话人觉得什么人喜欢太极拳?
   A. 老年人、年轻人、留学生都喜欢
   B. 年轻人喜欢,老人不喜欢
   C. 留学生不喜欢

五、听录音,填空 (Listen and fill in the blanks)
   爸爸喜欢_____,妈妈喜欢_____,妹妹喜欢_____,我喜欢_____。

第七课　　谈运动
Lesson 7　　Talk about the sports

六、听录音，整理句子 （Listen and put the following sentences in order）

① 看了
② 昨天晚上的足球赛你看了吗
③ 我喜欢踢足球，还喜欢打网球、爬山、游泳什么的
④ 你也喜欢踢足球吗

_____

七、听录音，复述内容 （Listen and retell）

课文（二）
Text 2

玛丽：我看见田中和安妮正在打网球呢！我们也去吧！
大卫：我不太喜欢打网球，再说刚吃完饭运动量不能太大。
玛丽：那出去散散步吧，总比待在屋里舒服。中国有句俗话："饭后百步走，能活九十九。"
大卫：好吧。
玛丽：你还真想活到九十九啊？
大卫：那当然了。对了，安妮说这个周末去打保龄球，你去不去呀？
玛丽：这个主意不错，可是我不会打保龄球。
大卫：没关系，我可以教你。你这么聪明的人一学就会。
玛丽：真的？那我一定去。在哪儿见面？
大卫：就在我家吧！

生词 New words

1. 运动量　　yùndòngliàng　　amount of (physical) exercise
2. 散步　　　sàn bù　　　　　take a walk
3. 待　　　　dāi　　　　　　 to stay
4. 俗话　　　súhuà　　　　　 proverb; common saying
5. 保龄球　　bǎolíngqiú　　　bowling ball
6. 聪明　　　cōngming　　　　intelligent; bright

注释 Notes

一、语言要点 (Grammar points)
　1."总"
　　"总"有一向、一直、毕竟、总归的意思。有加强语气的作用。如：
　　(1)他总迟到。
　　(2)老师总亲切地看着我们。
　　(3)屋里总比外边暖和吧！
　　(4)春节总不能不喝酒吧！

　2."饭后百步走,能活九十九"
　　意思是吃完饭以后,如果适当做些运动,对身体有很大的好处。

二、相似说法 (The similar expressions)
　1.这个主意不错。
　　(1)这个想法不错。
　　(2)这个想法很好。

第七课　　谈运动
Lesson 7　　Talk about the sports

2. 没关系,我可以教你。

(1)没问题,我可以教你。

(2)没事儿,我可以教你。

口语练习 Speaking exercises

一、用正确的语调朗读下面的句子

(**Read the following sentences in correct intonation loudly**)

1. 我看见田中和安妮正在打网球呢!

2. 那出去散散步吧,总比待在屋里舒服。

3. 你还真想活到九十九啊?

4. 你这么聪明的人一学就会。

二、替换练习　(**Substitution drills**)

1. 安妮正打网球呢!

我	睡午觉
他	等着你
我	想买一双旱冰鞋
我	学汉语

2. 散步总比待在屋里舒服。

学英语	学汉语	容易
他	我	学习好
这个菜	那个菜	好吃
跑步	散步	累

三、回答问题 （Answer the following questions）

1. 你最喜欢什么运动？
2. 你一般在哪儿锻炼身体？
3. 你家人都喜欢什么运动？为什么？
4. 到中国以后你参加过哪些运动？

四、完成对话 （Complete the following dialogues）

1. 男：你游泳游得这么好啊！
   女：_____。

2. 男：你学了一整天了，也该休息一会儿了。
   女：_____。

3. 男：如果你有空儿的话，我请你去跳舞。
   女：_____。

五、看图说话 （Tell a story based on the following picture）

第七课　　谈运动
Lesson 7　　Talk about the sports

听力练习 Listening exercises

一、听录音,选择正确答案　（Listen and choose the right answers）

1. 山姆每天晚上九点干什么?
   A. 锻炼身体　　B. 参加比赛　　C. 玩儿　　D. 买东西

2. 他们要做什么?
   A. 跑步　　B. 游泳　　C. 跳高　　D. 散步

3. 什么时候开运动会?
   A. 冬天和夏天　　　　　　B. 春天
   C. 秋天　　　　　　　　　D. 春天和秋天

二、听录音,回答问题　（Listen and answer the following questions）

1. 王文上小学时喜欢什么?
2. 他什么时候爱打篮球?
3. 他打篮球打得怎么样?
4. 上大学时王文喜欢什么运动?

三、听录音,判断正误

（True or false based on the following dialogue you heard）

1. 今晚天气不太好。（　　）
2. 女的让男的出去活动活动。（　　）
3. 女的不想出去运动。（　　）
4. 男的请女的去欣赏夜景。（　　）

四、听录音,选择正确答案 (Listen and choose the right answers)

1. 男的喜欢什么运动?
   A. 网球、跑步、水球、篮球　　B. 跑步、游泳、滑冰
   C. 网球、跑步、游泳、滑冰　　D. 足球、乒乓球、跑步、游泳

2. 男的身体怎么样?
   A. 很不好　　B. 很棒　　C. 一般　　D. 不太好

3. 下面哪句话正确?
   A. 男的从来不得病　　B. 男的常生病,但不吃药
   C. 男的常常吃药

4. 男的什么时间锻炼?
   A. 早晨去跑步　　B. 晚上去打太极拳
   C. 早晨或晚上去一次　　D. 早晚各一次

五、听录音,填空 (Listen and fill in the blanks)

游泳能＿＿＿＿＿＿＿＿＿＿,打太极拳能＿＿＿＿＿＿＿＿＿,有的人喜欢打高尔夫球,是因为＿＿＿＿＿＿＿＿＿＿＿＿＿＿。

六、听录音,整理句子 (Listen and put the following sentences in order)

① 家庭健身也越来越流行了
② 而且运动方式也各种各样
③ 现在越来越多的人喜欢运动
④ 以前人们只是工作、学习,不重视运动

＿＿＿＿＿＿＿＿＿＿＿＿＿＿＿＿＿＿

七、听录音,复述内容 (Listen and retell)

第七课　谈运动
Lesson 7　Talk about the sports

课文（三）
Text 3

王文：安妮，你整天待在家里除了看书就是睡觉，也该出去活动活动了！

玛丽：是啊，你的身体越来越差了。你看王文的身体多棒啊！他喜欢的运动可多了，什么游泳、足球、网球，他都喜欢。

王文：那当然，我经常锻炼，所以从来不得病。

玛丽：安妮，你喜不喜欢锻炼？

安妮：喜欢是喜欢，可是不能坚持。

王文：那可不太好。我觉得体育锻炼必须坚持。

安妮：我也觉得应该这样，可学习一忙就忘了。

王文：锻炼不一定需要很长时间。平时有时间的话，我就去操场踢踢足球，打打网球，或者去游游泳，打打保龄球，如果没有时间的话，就在屋里下下棋，举举哑铃，根本不耽误时间。

安妮：看来你还样样都行啊，我得跟你学习学习。

王文：对了，星期六我们一起去爬山怎么样？

玛丽：太好了！

安妮：太累了！

王文：那星期六我们早点儿起来跟爷爷奶奶们学太极拳去吧，又轻松又有趣，就在图书馆楼前。

安妮：那是老年人的运动。

王文：现在越来越多的年轻人也喜欢打太极拳了。

玛丽：好吧，我正想学中国功夫呢。

生词 New words

1. 除了　　　　　chúle　　　　　except
2. 从来　　　　　cónglái　　　　always; at all times; all along
3. 坚持　　　　　jiānchí　　　　stick to; insist on
4. 下棋　　　　　xià qí　　　　 play chess or any board game
5. 举　　　　　　jǔ　　　　　　 to lift; to raise
6. 哑铃　　　　　yǎlíng　　　　 dumbbell
7. 太极拳　　　　tàijíquán　　　Taichi, *a kind of traditional Chinese shadow boxing*
8. 功夫　　　　　gōngfu　　　　 kung fu

注释 Notes

一、语言要点 （Grammar points）

1. "除了……就是"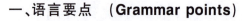
    表示"不是……就是……",两者之中不是这样,就是那样。如：
    (1)他除了睡觉就是整天学习。
    (2)冬天有些动物除了吃就是睡,从不活动。
    (3)我们班除了日本人就是韩国人。
    (4)食堂的饭除了米饭就是面条儿,真不好吃。

2. "越来越……"
    用于同一事物不同时期的比较,程度随着时间发展而变化。基本结构是：越来越＋形容词＋了。如：

第七课　　谈运动
Lesson 7　　Talk about the sports

(1)来中国以后,她越来越胖了。

(2)夏天来了,天气越来越热了。

(3)我的汉语说得越来越好了。

(4)她越来越漂亮了。

3. "A 是 A,可是……"

"A 是 A"表示让步,有"虽然"的意思,第二分句可以用"可是""但是""就是"进行转折,说明相反的情况。如:

(1)这个菜好吃是好吃,可是有点儿辣。

(2)这件衣服好看是好看,就是有点儿瘦。

(3)甲:你打网球吗?

乙:打是打,但是不经常打。

(4)甲:"把"字句你没学过吗?

乙:学是学了,可是没学会。

4. "如果……的话"

表示条件或假设。"如果"常常可以省略。如:

(1)如果你不努力的话,就会考不好。

(2)如果你知道的话,马上告诉我。

(3)你不是故意的话,我不怪你。

二、相似说法　(The similar expressions)

1. 你看王文的身体多棒啊!

(1)你看王文的身体多好啊!

(2)你看王文的身体多结实啊!

2. 根本不耽误时间。

(1)一点儿也不耽误时间。

(2)从不耽误时间。

口语练习 Speaking exercises

一、用正确的语调朗读下面的句子
(Read the following sentences in correct intonation loudly)
1. 你整天待在家里除了看书就是睡觉,也该出去活动活动了!
2. 喜欢是喜欢,可是不能坚持。
3. 平时有时间的话,我就去操场踢踢足球,打打网球。

二、替换练习 (Substitution drills)
他喜欢的运动可多了,什么游泳、足球、网球,他都喜欢。

我去过的地方	韩国、日本、美国	我都去过
课外小组	二胡小组、中国菜小组、书法小组	都很有意思
刚开学,事情	交学费、HSK 报名、买手机卡	忙得厉害
他买的东西	面包、啤酒、可乐	他都买了

三、回答问题 (Answer the following questions)
1. 你们国家有哪些传统运动?
2. 你觉得老年人应该怎样保持身体健康?
3. 人们对体育锻炼有什么不同的看法?

四、完成对话 (Complete the following dialogues)
1. 男:听说你网球比赛得了冠军?
   女:_____。

2. 男:我怎么才能学会游泳呢?
   女:_____。

第七课　　谈运动
Lesson 7　Talk about the sports

3. 男：你觉得体育锻炼能减肥吗？
   女：_____。

五、复述所学的课文　（Retell the text）

六、讨论　（Discussion）

1. 谈谈老年人和年轻人分别适合什么运动。
2. 学校周围有哪些体育场所？
3. 你们国家最受欢迎的是哪项运动？
4. 谈谈你看过或参加过的一场比赛。

听力练习 Listening exercises

一、听录音，选择正确答案　（Listen and choose the right answers）

1. 他什么时候参加过跳高比赛？
   A. 小学　　　B. 大学　　　C. 初中　　　D. 高中

2. 玛丽参加过运动会吗？
   A. 她不想参加　　　B. 她参加过
   C. 她没参加过　　　D. 她可能参加过

3. 下面哪句话正确？
   A. 大家都想得冠军　　　B. 马克想的别人不想
   C. 别人想的马克不想　　　D. 大家都不想得冠军

二、听录音，回答问题　（Listen and answer the following questions）

1. 他们在谈什么运动？
2. 他们围棋下得怎么样？

3. 他们决定什么时候比赛?

4. 他们在哪儿比赛?

三、听录音,判断正误

(True or false based on the following statements you heard)

1. 李奶奶和王爷爷去锻炼。(　　)

2. 王文和李奶奶一起去操场。(　　)

3. 张老师的学校离家不太远。(　　)

4. 张老师很早就要去上班。(　　)

四、听录音,选择正确答案　**(Listen and choose the right answers)**

1. 他们在看什么比赛?

　　A. 足球　　　B. 篮球　　　C. 排球　　　D. 棒球

2. 场上比分有什么变化?

　　A. 0:0 变成 1:1　　　B. 0:1 变成 1:1

　　C. 1:2 变成 2:2　　　D. 没有变化

3. 中国队如果输了这场球,只能争夺第几名?

　　A. 冠军　　　B. 亚军　　　C. 第三名　　　D. 第四名

4. 这场比赛的球队是:

　　A. 中国队与日本队　　　B. 美国队与中国队

　　C. 中国队与韩国队　　　D. 日本队与韩国队

五、听录音,填空　**(Listen and fill in the blanks)**

这附近有_____场和_____馆,还有一个_____。游泳馆_____,水_____,游泳池_____。游泳之后还可以_____。他们打算_____一起去。

第七课　　谈运动
Lesson 7　Talk about the sports

六、听录音,整理句子　(Listen and put the following sentences in order)

① 王老师和刘老师参加了比赛
② 今天是三八妇女节
③ 只许女老师参加
④ 学校举行跳棋比赛
⑤ 王老师获得了第二名

_____

七、听录音,复述内容　(Listen and retell)

补充生词
(Supplementary new words)

1. 乒乓球	pīngpāngqiú	table tennis
2. 羽毛球	yǔmáoqiú	badminton
3. 高尔夫球	gāo'ěrfūqiú	golf
7. 长跑	chángpǎo	long-distance running
8. 旱冰	hànbīng	roller skating
9. 冠军	guànjūn	champion
10. 围棋	wéiqí	*a game of chess played with black and white pieces on a board of 361 crosses*
11. 争夺赛	zhēngduósài	struging contest
12. 健身房	jiànshēnfáng	gymnasium
13. 就餐	jiùcān	have a meal
14. 体形	tǐxíng	physical shape; bodily form

中国文化点滴
（Chinese culture snack）

太极拳是很多人喜爱的一种传统体育运动。太极拳动作柔和缓慢,形神兼备,既可以用于技击,又有增强体质、预防疾病的作用,所以老年人和体弱的人都喜欢打。近年来,越来越多的年轻人、外国人也开始喜欢太极拳。目前太极拳运动已经成为国际武术比赛项目了。

静、松、灵、活、守是练好太极拳的基本要求。"静"就是心静,无忧无虑;"松"就是要全身充分放松;"灵"指感觉要灵敏;"活"是指动作要连续,富于变化。

学打太极拳并不是很难的事,只要牢记太极拳的动作要点,虚心向老师学习,坚持练下去,就可以打一手好太极拳。

第八课　订房间　去旅游

Lesson 8　Book a room and go to travel

课文 (一)
Text 1

王　文： 你在干什么呢？
Wáng Wén：Nǐ zài gàn shénme ne?

安　妮： 我在用手机订火车票，可是我不太会。
Ānnī：Wǒ zài yòng shǒujī dìng huǒchēpiào, kěshì wǒ bú tài huì.

王　文： 我帮你吧。
Wáng Wén：Wǒ bāng nǐ ba.

安　妮： 太好了！有20号去北京的车票吗？
Ānnī：Tài hǎo le! Yǒu èrshí hào qù Běijīng de chēpiào ma?

王　文： 有。
Wáng Wén：Yǒu.

安　妮： 我买一张。
Ānnī：Wǒ mǎi yì zhāng.

王 文： 你买哪一趟？ 动车 还是 高铁？
Wáng Wén： Nǐ mǎi nǎ yí tàng? Dòngchē háishi gāotiě?

安 妮： 从 这儿 到 北京 要 多 长 时间？
Ānnī： Cóng zhèr dào Běijīng yào duō cháng shíjiān?

王 文： 高铁 大约 5个 小时， 动车 6个半 小时。
Wáng Wén： Gāotiě dàyuē wǔ ge xiǎoshí, dòngchē liù ge bàn xiǎoshí.

安 妮： 高铁 一天 有 几趟？
Ānnī： Gāotiě yì tiān yǒu jǐ tàng?

王 文： 高铁 五 趟， 动车 有一 趟。
Wáng Wén： Gāotiě wǔ tàng, dòngchē yǒu yí tàng.

安 妮： 好，我买一张 高铁 的 票 吧。
Ānnī： Hǎo, wǒ mǎi yì zhāng gāotiě de piào ba.

生词 New words

1. 车票　　　　chēpiào　　　　ticket
2. 趟　　　　　tàng　　　　　 *a measure word*
3. 动车　　　　dòngchē　　　　bullet train
4. 高铁　　　　gāotiě　　　　 high-speed railway
5. 大约　　　　dàyuē　　　　　about；approximately

注释 Notes

一、语言要点 （Grammar points）

"大约"

表示对数量、时间等的大概估计。如：

It is expressed an estimation of time or quantity. For example：

第八课　　订房间　去旅游
Lesson 8　　Book a room and go to travel

（1）从这儿到北京大约两个小时。（Cóng zhèr dào Běijīng dàyuē liǎng ge xiǎoshí.　It is about two hours from here to Beijing.）

（2）我大约在这儿学习一年。（Wǒ dàyuē zài zhèr xuéxí yì nián.　I'll study here about one year.）

（3）这些苹果大约十公斤。（Zhèxiē píngguǒ dàyuē shí gōngjīn.　These apples are about ten kilograms.）

（4）小王大约不会来了。（Xiǎo Wáng dàyuē bú huì lái le.　Maybe Xiao Wang won't come here.）

二、相似说法　（The similar expressions）

大约 5 个小时

（1）大概 5 个小时

（2）可能要 5 个小时

（3）差不多 5 个小时

（4）5 个小时左右

口语练习 Speaking exercises

一、用正确的语调朗读下面的句子

（Read the following sentences in correct intonation loudly）

1. 有 20 号去北京的车票吗？

2. 你买哪一趟？高铁还是动车？

3. 从这儿到北京要多长时间？

4. 高铁大约 5 个小时。

二、替换练习 （Substitution drills）

1. 有去北京的车票吗？　　2. 你要高铁还是动车？

| 动车 |
| 飞机票 |
| 单程机票 |
| 往返机票 |

火车票	飞机票
22号的	21号的
双人间	单人间
不带阳台的	带阳台的

3. 从这儿到北京要多长时间？　　4. 大约5个小时。

你家	学校
北京	上海
宿舍	教室
中国	日本

| 20天 |
| 5年 |
| 3个月 |
| 20个人 |

三、回答问题 （Answer the following questions）

1. 你喜欢旅行吗？
2. 你喜欢去什么地方旅行？
3. 在中国，你都去过哪些地方？
4. 你去别的国家旅行过吗？你最喜欢哪儿？

四、用所给的词完成对话

（Complete the following dialogues with the given words）

1. 男：有去西安的高铁票吗？
   女：对不起，＿＿＿＿＿＿＿＿＿＿＿＿＿＿＿＿＿。（没有）

2. 男：有去上海的＿＿＿＿＿＿＿＿＿＿＿＿＿＿＿？（高铁）
   女：有，一天23趟，你要几点的？
   男：我买＿＿＿＿＿＿＿＿＿＿＿＿＿＿＿＿＿。（上午）
   女：你要几张？
   男：我要两张。

第八课	订房间 去旅游
Lesson 8	Book a room and go to travel

3. 男：从这儿到大连要多长时间？
   女：_____。（大约）

4. 男：我想买两张去上海的车票。
   女：_____？（还是）
   男：我要上午十一点五十的。

五、编对话 （**Make up a dialogue**）

两个人想寒假去南方旅行，商量买车票的事。

Two persons want to travel in the south of China. They are talking about the tickets.

六、复述所学的课文 （**Retell the text**）

听力练习 Listening exercises

一、听录音，找出你听到的词语 （**Listen and underline the words you heard**）

1. A. 100元　　B. 200元　　C. 300元　　D. 400元

2. A. 10月2日　B. 10月10日　C. 10月17日　D. 10月1日

3. A. 要　　　　B. 想　　　　C. 打算　　　D. 计划

4. A. 空房间　　B. 空床位　　C. 空地方　　D. 有空

二、听录音，回答问题 （**Listen and answer the following questions**）

1. 谁订了房间？

2. 他是什么时候订房间的？

3. 他可以住哪个房间?

4. 房间有什么?

三、听录音,选择正确答案 (Listen and choose the right answers)

1. 谁想预订房间?
   A. 大卫　　　B. 马克　　　C. 田中　　　D. 没有人

2. 他想订什么时候的房间?
   A. 下星期　　　　　　　　B. 这星期
   C. 这星期五　　　　　　　D. 下星期五

3. 他订了什么样的房间?
   A. 两个单人房　　　　　　B. 一个双人房
   C. 两个双人房　　　　　　D. 一个单人房

4. 他为什么没订到这个星期的房间?
   A. 没有单人房　　　　　　B. 不想订这星期的房间
   C. 房间没有了　　　　　　D. 不想订了

四、听录音,填空 (Listen and fill in the blanks)

1. 大卫想_____号去北京。

2. 他的_____也去。

3. 他们买了_____张25号_____的票。

4. 那是两张_____票。

五、听录音,判断正误

(True or false based on the following statements you heard)

1. 安妮想订单人房间。(　　　)

2. 双人间很贵。(　　　)

第八课　订房间　去旅游
Lesson 8　Book a room and go to travel

3. 安妮觉得双人间不贵。（　　）

4. 服务员说可以便宜一点儿。（　　）

六、听录音，整理句子　(**Listen and put the following sentences in order**)

① 王文问大卫西安怎么样

② 王文也很想去，但现在没有时间

③ 大卫刚从西安回来

④ 大卫说等王文有时间了再一起去

⑤ 大卫觉得西安好极了

_____

课文（二）
Text 2

李美英：大卫！

大　卫：你好，美英！买这么多东西啊！

李美英：是啊，过几天我要去趟北京，所以买点儿东西送给朋友。

大　卫：是吗？现在去北京正是好时候，不冷也不热。

李美英：对，你以前去过北京吗？给我介绍介绍。

大　卫：我两年前去过，那时是春天，气候比较干燥，风沙也很大。

李美英：你都去了哪些地方啊？

大　卫：我去了故宫和长城，这两个地方不能不去。

李美英：我听说北京的四合院也很有特点。

大　卫：对，不但是四合院，还有北京的胡同，不去这两个地方，就像没去过北京一样。

李美英：那我一定去看看。
大　卫：你订好旅馆了吗？这时候去北京，最好先订好旅馆。
李美英：对，我马上就订。

生词 New words

1. 风沙　　　　　fēngshā　　　　　　sand blown by the wind
2. 长城　　　　　Chángchéng　　　　the Great Walll
3. 四合院　　　　sìhéyuàn　　　　　quadrangle
4. 特点　　　　　tèdiǎn　　　　　　characteristic
5. 像……一样　　xiàng……yíyàng　　as same as

注释 Notes

一、语言要点　(Grammar points)

　1."不冷也不热"

　　"不A也不B"，A和B一般是两个意思相对的单音节形容词，表示正合适。

如：

　(1)这件衣服不大也不小，正合适。
　(2)甲：这是找你的钱，你数数。
　　　乙：不多也不少，正好。
　(3)他炒的菜不咸也不淡，正合我的口味。

第八课　订房间　去旅游
Lesson 8　Book a room and go to travel

2. "不能不"

双重否定表示肯定,有加强语气的作用。和"一定"意思相同。如:

(1)她太可爱了,我不能不喜欢她。

(2)到中国不能不尝尝中国菜。

(3)去海边不能不带游泳衣。

(4)学生不能不去上课。

3. "不去这两个地方,就像没去过北京一样"

意思是:去北京一定要去看看四合院和胡同,这两个地方非常重要。

二、相似说法　(The similar expressions)

1. 过几天我要去趟北京。

(1)过几天我要去次北京。

(2)过几天我要到北京去一趟。

(3)过几天我要去北京一趟。

2. 你都去了哪些地方?

(1)你都去了哪儿?

(2)你都去了什么地方?

口语练习 Speaking exercises

一、用正确的语调朗读下面的句子

(Read the following sentences in correct intonation loudly)

1. 过几天我要去趟北京,所以买点儿东西送给朋友。

2. 现在去北京正是好时候,不冷也不热。

3. 我去了故宫和长城,这两个地方不能不去。

4. 不去北京的四合院和胡同,就像没去过北京一样。

二、替换练习 （Substitution drills）

1. 过几天我要去趟北京。

放学后	书店
吃完饭	医院
放假后	南方
回国前	西安

2. 我想买点儿东西送给朋友。

   | 妈妈 |
   | 同学 |
   | 女朋友 |
   | 我哥哥 |

3. 现在去北京正是好时候，不冷也不热。

这件衣服	大	小
洗澡水	凉	热
气温	高	低
这条路	长	短

4. 这两个地方不能不去。

北京烤鸭	吃
那件衣服	买
汉语	学
这顿饭	吃

第八课　　订房间　去旅游
Lesson 8　　Book a room and go to travel

三、回答问题　（Answer the following questions）

1. 你所在的城市有哪些旅游景点？
2. 北京最有名的地方是哪儿？
3. 你住的城市的气候怎么样？你喜欢什么样的气候？

四、用所给的词语完成对话
（Complete the following dialogues with the given words）

1. 男：这时候去北京好吗？
   女：好，_____。（不……不……）

2. 男：这件衣服你穿着合适吗？
   女：合适，_____。（不……不……）

3. 这个菜很好吃，你_____。（不能不）
4. 外面天气很冷，你_____。（最好）

五、编对话　（Make up the dialogues）

1. 两人商量寒假去旅行。
2. 王文要去上海，他想在网上订船票和房间。

六、复述所学的课文　（Retell the text）

听力练习 Listening exercises

一、听录音，找出你听到的词语　（Listen and underline the words you heard）

1. A. 下星期　　B. 这星期　　C. 下星期一　　D. 这星期一

2. A. 单人房间　B. 双人房间　C. 标准房间　　D. 空房间

3. A. 订　　　　B. 预约　　　　C. 预订　　　　D. 准备

4. A. 不能不　　　B. 不得不　　　C. 不必　　　　D. 必须

二、听录音，回答问题　（Listen and answer the following questions）

1. 女的想去什么地方？
2. 女的想要几点的高铁票？
3. 女的什么时候到上海？
4. 高铁票多少钱？

三、听录音，选择正确答案　（Listen and choose the right answers）

1. 男的下午退房，要付一天的房租吗？
   A. 一定要付　　　　　　　B. 一定不付
   C. 不一定，看情况而定　　D. 付不付都行

2. 什么情况下不必付今天的房租？
   A. 中午12点前结账　　　　B. 中午12点结账
   C. 下午6点以前结账　　　 D. 下午6点以后结账

3. 什么情况下付半天的房租？
   A. 中午12点以前结账　　　B. 中午12点结账
   C. 下午6点以前结账　　　 D. 下午6点以后结账

4. 什么情况下付全天的房租？
   A. 中午12点以前结账　　　B. 中午12点结账
   C. 下午6点以前结账　　　 D. 下午6点以后结账

四、听录音，填空　（Listen and fill in the blanks）

1. 王文想去_____玩儿。
2. 他知道上海是个_____的城市。

第八课　　订房间　去旅游
Lesson 8　Book a room and go to travel

3. 他和他的朋友_____一起去。

4. 王文想买两张去上海的_____。

5. 王文买了_____的船票。

五、听录音，判断正误

(True or false based on the following statements you heard)

1. 大卫想去北京旅行。（　　）

2. 西安是个新兴的城市。（　　）

3. 西安的名胜古迹很多。（　　）

4. 西安没有什么好吃的。（　　）

5. 大卫的朋友们要和大卫一起去。（　　）

六、听录音，整理句子

(Listen and put the following sentences in order)

① 王文告诉智子上海最有名的是豫园

② 智子请王文介绍一下上海

③ 上海的玉佛寺也可以去看看

④ 在玉佛寺可以吃斋饭

⑤ 斋饭没有鱼没有肉，全部用蔬菜或豆腐做成

⑥ 豫园建于1559年到1588年

_____

课文（三）
Text 3

李美英：你好！我是在中国学习的外国留学生,我叫李美英,我想21号在你们饭店订一个房间,有空房间吗？

服务员：有的,21号的房间还没订满,请问您想要什么房间？

李美英：一个单人间,最好是带阳台的朝南的房间。

服务员：我帮您看一下,对不起,这样的单人间没有了,只有标准间了。

李美英：那单人间和标准间的价格有什么不同？

服务员：单人间每天320元,标准间每天350元。

李美英：如果我住一个星期的话,可不可以打折？

服务员：因为现在是旅游旺季,所以恐怕不能打折。不过我们可以免费供应早餐。

李美英：标准间有浴室和热水吗？

服务员：当然有,电视、电话什么的都有,24小时供应热水,还有免费 Wi-Fi。

李美英：好吧,就订一个21号的标准间吧。

第八课　　订房间　去旅游
Lesson 8　　Book a room and go to travel

生词 New words

1. 满　　　　　mǎn　　　　　　　full filled
2. 阳台　　　　yángtái　　　　　balcony
3. 朝　　　　　cháo　　　　　　　facing；towards
4. 标准间　　　biāozhǔnjiān　　　standard room
5. 旺季　　　　wàngjì　　　　　　busy season
6. 恐怕　　　　kǒngpà　　　　　　be afraid of…
7. 免费　　　　miǎnfèi　　　　　free of charge
8. 供应　　　　gōngyìng　　　　　to supply；to provide
9. 浴室　　　　yùshì　　　　　　bathroom

注释 Notes

相似说法　（The similar expressions）

1. 我想 21 号在你们饭店订一个房间。
   (1) 我想 21 号订一个房间，可以吗？
   (2) 我想订一个房间，21 号到，可以吗？
   (3) 21 号你们有空房间吗？我想订一间。

2. 21 号的房间还没订满。
   21 号还有房间。

3. 可不可以打折？
   (1) 可以打折吗？

(2)打打折可以吗?

(3)可不可以便宜一点儿?

口语练习 Speaking exercises

一、用正确的语调朗读下面的句子

（Read the following sentences in correct intonation loudly）

1. 请问您想要什么房间?

2. 我想订一个单人间,最好是带阳台的朝南的房间。

3. 单人间和标准间的价格有什么不同?

4. 因为现在是旅游旺季,所以恐怕不能打折。

二、替换练习 （Substitution drills）

1. 21号的房间还没订满。

这间教室	坐
车	坐
这家饭店	住
这个箱子	装

2. 我想要朝南的房间。

| 朝东 |
| 面向大海 |
| 带阳台 |
| 朝西 |

第八课　　订房间　去旅游
Lesson 8　Book a room and go to travel

3. 单人间和 标准间的 价格有什么不同？

这本书	那本书	价钱
这件衣服	那件衣服	式样
今天	昨天	气温
你的鞋	他的鞋	颜色

4. 现在是旅游的旺季，所以恐怕不能打折。

订不到房间
旅游的人非常多
房间价格提高了
买不到飞机票

三、回答问题　（Answer the following questions）

1. 在中国，你住过饭店吗？你觉得服务怎么样？
2. 如果你住饭店的话，你喜欢什么样的房间？
3. 在中国，你买过火车票吗？你觉得用手机订票有什么好处？
4. 在中国，你坐过火车吗？坐火车怎么样？

四、用所给的词语完成对话

（Complete the following dialogues with the given words）

1. 男：单人间多少钱一天？

   女：300元。

   男：＿＿＿＿＿＿＿＿＿＿？（打折）

2. 男：请问，现在你们的房价可以打折吗？

   女：不打折，＿＿＿＿＿＿＿＿＿＿。（不过）

3. 男：你们以前去过大连吗？
   女：_____。（漂亮）

4. 男：现在去西安旅行怎么样？
   女：_____。（好时候）

五、编对话 （Make up a dialogue）
两个同学讨论他们喜欢住什么样的房间。

六、讨论 （Discussion）
1. 介绍一下你们国家旅馆或者饭店的情况。
2. 谈谈你们国家的交通工具，一般人怎么出去旅行？

听力练习 Listening exercises

一、听录音，找出你听到的词语 （Listen and underline the words you heard）

1. A. 带阳台　　B. 带电话　　C. 带空调　　D. 双人间

2. A. 单人床　　B. 双人房　　C. 单人房　　D. 两个床

3. A. 一张　　　B. 单人房间　C. 两张床　　D. 一星期

4. A. 最好的　　B. 最大的　　C. 最小的　　D. 最贵的

二、听录音，回答问题 （Listen and answer the following questions）
1. 给山姆订的是哪个房间？
2. 他住那个房间吗？为什么？
3. 他后来改住哪个房间了？
4. 506 房间怎么样？
5. 山姆喜欢什么？

第八课　　订房间　去旅游
Lesson 8　　Book a room and go to travel

三、听录音,选择正确答案 (Listen and choose the right answers)

1. 大卫想干什么?
   A. 订房间　　B. 打长途电话　　C. 结账　　D. 再次光临

2. 大卫住的是几号房间?
   A. 1123　　B. 1023　　C. 1223　　D. 1203

3. 大卫觉得他的账单怎么了?
   A. 数目太大了　　　　　　B. 数目太小了
   C. 长途电话费太高了　　　D. 没有洗衣费

4. 大卫享受了哪些服务?
   A. 洗衣　　　　　　　　　B. 打电话
   C. 洗衣和打长途电话　　　D. 客房服务

5. 大卫怎么结账?
   A. 现金　　B. 信用卡　　C. 不要收据　　D. 支票

四、听录音,填空 (Listen and fill in the blanks)

1. 王文在北京待了_____。
2. 北京真不愧是中国的首都,有好多的_____。
3. 王文觉得坐火车太_____了,他是坐_____去的。
4. 北京的天气_____,正是_____的好时候。
5. 听王文这么说,安妮_____了。

五、听录音,判断正误

(True or false based on the following statements you heard)

1. 苏州是中国现代的城市。(　　)
2. "上有天堂,下有苏杭"意思是说苏州是很美丽的城市。(　　)

173

3. 苏州离太湖很远,城市全是公路。(　　)

4. 苏州最有名的是园林。(　　)

5. 狮子林和拙政园是苏州最有名的园林。(　　)

六、听录音,整理句子　(Listen and put the following sentences in order)

① 长城的平均高度是7.5米左右

② 所以大家叫它万里长城

③ 所以我们都是好汉了

④ 长城的历史已经有两千多年了

⑤ 车可以直接开到长城脚下

⑥ 长城全长大约6000多公里

⑦ 我们都登上了长城

⑧ 长城距北京市区约60公里

⑨ 中国有句俗话叫"不到长城非好汉"

⑩ 我们要去长城玩儿

第八课　订房间　去旅游
Lesson 8　Book a room and go to travel

补充生词
（Supplementary new words）

1. 飞机票　　fēijīpiào　　plane ticket
2. 单程票　　dānchéngpiào　　one way ticket
3. 往返票　　wǎngfǎnpiào　　return ticket; round-trip ticket
4. 双人　　　shuāngrén　　double
5. 单人　　　dānrén　　single
6. 带　　　　dài　　with
7. 房间　　　fángjiān　　room
8. 床位　　　chuángwèi　　bed
9. 二等座　　èrděngzuò　　second-class seat
10. 预订　　　yùdìng　　to book
11. 空调　　　kōngtiáo　　air conditioner
12. 船　　　　chuán　　ship; boat
13. 豫园　　　Yù Yuán　　Yu Garden
14. 玉佛寺　　Yùfó Sì　　Jade Buddha Temple
15. 斋饭　　　zhāifàn　　vegetarian meal (in a monastery)
16. 结账　　　jié zhàng　　settle accounts
17. 收据　　　shōujù　　receipt
18. 狮子林　　Shīzilín　　Lion Grove Garden (in Suzhou)
19. 拙政园　　Zhuōzhèng Yuán　　Humble Administrator's Garden (in Suzhou)

中国文化点滴
(Chinese culture snack)

中国民居形式多样,最著名的民间住宅有北京的四合院,陕西的窑洞,山西平遥和祁县的民居以及广西、云南等地具有浓郁少数民族特色的住房。

北京的四合院因旧式中国家庭都以四世同堂为一种福气,所以很多由两个以上的院子组成。大门口大多有一个照壁,使外人不能一下子看到里面。院里四四方方,对称平衡,层次井然,充分体现了中国传统的养老扶幼、和睦共处的精神。

陕西的窑洞分为靠崖式窑洞和下沉式窑洞两种。靠崖式窑洞一般随山坡顺势而建,有的还分为上下两层。窑洞一般冬暖夏凉,深受北方人民的欢迎。

山西民居的特点是:外墙高,主要房屋都是单坡顶,院落多为东西窄,南北长的形状。

广西、云南等地少数民族的民居常常具有汉族和少数民族共同的特点。

第九课 旅游

Lesson 9　Travel

课文（一）
Text 1

马克：这 就 是 天津 街。
Mǎkè：Zhè jiù shì Tiānjīn Jiē.

安妮：真 热闹。
Ānnī：Zhēn rènao.

马克：这 是 这儿 有名 的 商业街。
Mǎkè：Zhè shì zhèr yǒumíng de shāngyèjiē.

安妮：商店 可 真 多！
Ānnī：Shāngdiàn kě zhēn duō!

马克：这 是 服装店，那 是 鞋店。
Mǎkè：Zhè shì fúzhuāngdiàn, nà shì xiédiàn.

安妮：你 常 来 这儿 买 东西 吗？
Ānnī： Nǐ cháng lái zhèr mǎi dōngxi ma?

马克：不 常 来，我不太 喜欢 逛 街。
Mǎkè： Bù cháng lái, wǒ bú tài xǐhuan guàng jiē.

安妮：那 今天 太 感谢 你 了。
Ānnī： Nà jīntiān tài gǎnxiè nǐ le.

马克：没 什么。
Mǎkè： Méi shénme.

生词 New words

1.	热闹	rènao	lively; busy
2.	商业	shāngyè	business; commerce
3.	可	kě	*used to emphasize on the tone of speaker*
4.	服装	fúzhuāng	costume
5.	鞋	xié	shoe
6.	来	lái	to come

注释 Notes

一、语言要点 (Grammar points)

1. "真热闹"

"真"常用于形容词前，加强语气。如：

"真" is often used before an adjective to strengthen the tone. For example：

(1) 今天真冷啊！(Jīntiān zhēn lěng a! How cold it is!)

第九课　　旅游
Lesson 9　　Travel

(2) 大连真漂亮啊！（Dàlián zhēn piàoliang a!　　How beautiful Dalian is!）

(3) 这部电影真有意思！（Zhè bù diànyǐng zhēn yǒu yìsi!　　How interesting the film is!）

(4) 这个小姑娘真好看！（zhège xiǎo gūniang zhēn hǎokàn!　　How beautiful the little girl is!）

2. **"这是服装店，那是鞋店。"**

"这是……，那是……"用于列举具体的人或事物。如：

"这是……，那是……"is used to list specific persons or things. For example：

(1) 我介绍一下，这是小王，那是小李，他是小张。（Wǒ jièshào yíxià, zhè shì Xiǎo Wáng, nà shì Xiǎo Lǐ, tā shì Xiǎo Zhāng.　　I'll introduce them, this is Xiao Wang, that is Xiao Li, and he is Xiao Zhang.）

(2) 这是中级一班，这是中级二班，那是中级三班。（Zhè shì zhōngjí yī bān, zhè shì zhōngjí èr bān, nà shì zhōngjí sān bān.　　This is No. 1 class at the intermediate level, this is No. 2 class at the intermediate level, and that is No. 3 class.）

(3) 这是面包，那是苹果，大家多吃点儿。（Zhè shì miànbāo, nà shì píngguǒ, dàjiā duō chīdiǎnr.　　This is the bread, that is the apple. Everybody eat more.）

(4) 这件衣服是妈妈寄来的，那双鞋是朋友送的。（Zhè jiàn yīfu shì māma jìlai de, nà shuāng xié shì péngyou sòng de.　　This clothes is mailed by my mother, and that shoes are given by my friend.）

3. **"没什么"**

用于回答别人的感谢和道歉。如：

"没什么" means "it doesn't matter", used to answer the other's thanks and apologies. For example：

(1)甲：给你添麻烦了,真不好意思。(Gěi nǐ tiān máfan le, zhēn bù hǎoyìsi. Sorry to have put you to so much trouble.)

乙：没什么。(Méi shénme. It doesn't matter.)

(2)甲：谢谢你帮了我这么大的忙。(Xièxie nǐ bāngle wǒ zhème dà de máng. Thank you for helping me.)

乙：没什么。(Méi shénme. It doesn't matter.)

(3)甲：这么晚了才来,真对不起。(Zhème wǎn le cái lái, zhēn duìbuqǐ. Sorry to come here so late.)

乙：没什么。(Méi shénme. It doesn't matter.)

(4)甲：非常感谢你这么远跑来。(Fēicháng gǎnxiè nǐ zhème yuǎn pǎolai. Thank you very much to come here from faraway.)

乙：没什么,这是我应该做的。(Méi shénme, zhè shì wǒ yīnggāi zuò de. It doesn't matter. I have only done my duty.)

二、相似说法 (The similar expressions)

1. 你常来这儿买东西吗？
   (1)你常到这儿来买东西吗？
   (2)你常到这儿买东西吗？
   (3)你常来这儿购物吗？

2. 我不太喜欢逛街。
   (1)我不大喜欢逛街。
   (2)我不怎么喜欢逛街。
   (3)我不太爱逛街。

3. 那今天太感谢你了。
   (1)那今天太麻烦你了。
   (2)那今天多谢你了。

第九课　旅游
Lesson 9　Travel

(3) 那今天有劳你了。
(4) 那今天真麻烦你了。

4. 没什么。
(1) 没关系。
(2) 没事儿。

口语练习 Speaking exercises

一、用正确语调朗读下面的句子
（Read the following sentences in correst intonation loudly）

1. 这就是天津街。
2. 这是服装店，那是鞋店。
3. 你常来这儿买东西吗？
4. 那今天太感谢你了。

二、替换练习　（Substitution drills）

1. 这就是天津街。

| 留学生楼 |
| 中心广场 |
| 北海公园 |
| 长城 |

2. 真热闹！

| 便宜 |
| 漂亮 |
| 好吃 |
| 难 |

3. 这是**服装店**,那是**鞋店**。

小王	小李
爸爸	妈妈
运动衣	运动鞋

4. 我不太喜欢**逛街**。

买东西
看电影
听音乐
踢足球

5. 那今天太**感谢**你了。

麻烦你
不好意思
对不起

三、回答问题 （Answer the following questions）

1. 你去过北京吗？你觉得北京怎么样？
2. 你觉得你所在的城市最热闹的地方是哪儿？
3. 你喜欢逛街吗？你常常去什么地方买东西？

四、用所给的词语完成对话

（Complete the following dialogues with the given words）

1. 男：你常来这儿买东西吗？
   女：_____。（不太……）

2. 男：太感谢你了。
   女：_____。（没什么）

3. 男：这么多人,我都不认识啊！
   女：_____。（这是……,那是……）

五、复述所学的课文 （Retell the text）

第九课　旅游
Lesson 9　Travel

听力练习 Listening exercises

一、听录音,找出你听到的词语　(Listen and underline the words you heard)

1. A. 看电影　　　B. 买东西　　　C. 看朋友　　　D. 逛商店

2. A. 昨天　　　　B. 明天　　　　C. 今天　　　　D. 后天

3. A. 商场　　　　B. 学校　　　　C. 书店　　　　D. 商店

二、听录音,回答问题　(Listen and answer the following questions)

1. 儿童公园在哪儿?
2. 儿童公园漂亮吗?
3. 什么时候人最多?
4. 谁常去儿童公园玩儿?

三、听录音,判断正误

(True or false based on the following statements you heard)

1. 这个电影院是最大的。(　　)
2. 电影都很新。(　　)
3. 电影票很贵。(　　)
4. 我常来看电影。(　　)

四、听录音,选择正确答案　(Listen and choose the right answers)

1. 他们在什么地方?
   A. 公园　　　　B. 度假村　　　　C. 学校

2. 这个地方的景色怎么样?
   A. 很美　　　　B. 像度假村一样　　　　C. 像广场一样

3. 那些人在干什么？

　　A. 打球　　　　　B. 参观　　　　　C. 游泳

五、听录音，整理句子　（Listen and put the following sentences in order）

① 去西安最好的季节是秋天
② 那是有名的古都
③ 暑假我想去西安
④ 那儿有很多名胜古迹

_____

六、听录音，填空　（Listen and fill in the blanks）

这儿_____的商业街是天津街。那里有_____商店，有_____店，也有_____店。_____我常到那儿买东西。

七、听录音，复述内容　（Listen and retell）

课文（二）
Text 2

李美英：星海公园真大啊！

王　文：是啊，不仅大，而且也很漂亮吧？

李美英：嗯，真的很漂亮。你看那蓝色的海水，绿色的草地，还有鲜艳的花朵，真像是在画儿里一样啊！

王　文：星海公园，不仅这个城市的人喜欢，而且闻名中外，各地人都喜欢，每年来这里参观的人络绎不绝。

第九课　旅游
Lesson 9　Travel

李美英：作为这个城市的人，你一定很自豪吧？
王　文：当然啦，星海公园是这里的骄傲。我们都希望它的明天更美好。
李美英：我也希望它越来越漂亮。

生词 New words

1.	不仅……而且	bùjǐn……érqiě	not only...but also
2.	鲜艳	xiānyàn	bright-coloured
3.	花朵	huāduǒ	flowers
4.	闻名	wénmíng	famous
5.	中外	zhōngwài	all of the world
6.	参观	cānguān	to visit
7.	络绎不绝	luòyì bùjué	in an endless stream
8.	作为	zuòwéi	as
9.	自豪	zìháo	proud
10.	骄傲	jiāo'ào	take pride in
11.	希望	xīwàng	to hope
12.	美好	měihǎo	happy
13.	越来越	yuèláiyuè	more and more

注释 Notes

一、语言要点 (Grammar points)

1. "不仅大,而且也很漂亮"

"不仅……,而且……"表示递进关系,意思同"不但……,而且……",多用于口语。如:

(1)小李不仅英语说得好,而且法语、日语也说得很流利。

(2)他不仅自己努力学习,而且还经常帮助别人。

(3)我不仅喜欢看中国电影,而且也喜欢看外国电影。

2. "嗯"

语气词,用于句首,表示答应,同意。如:

(1)甲:小李,王老师让你去一下办公室。

乙:嗯,知道了。

(2)甲:明天早上起床叫我一声。

乙:嗯,没问题。

语气词,用于句首,表示疑问,惊讶。如:

(1)甲:智子,明天我们去看电影,你去吗?

乙:嗯?什么时候去我怎么不知道。

(2)甲:明天上午考口语。

乙:嗯?老师为什么不告诉我?

第九课　　旅游
Lesson 9　　Travel

3. "真像是在画儿里一样啊！"

"像……一样"为固定句式，多用于比喻或比较的说法，说明与被说明的两个事物之间有相似之处。如：

(1)那个小姑娘的脸红得像苹果一样。

(2)他像大哥哥一样照顾我。

(3)汉语像英语一样有意思。

(4)这座城市像花园一样。

4. "作为这个城市的人"

"作为"常用于句首，表明一种身份。如：

(1)作为你的朋友，我劝告你别这么做。

(2)作为一名学生，尊敬老师是应该的。

(3)作为一名留学生，就要遵守中国的法律。

5. "当然啦"

"当然"，常用于对上文内容的肯定，语气较强。如：

(1)我当然知道这件事。

(2)甲：明天的晚会你参加吗？

　　乙：当然参加。

(3)学生当然要参加考试。

(4)甲：我去北京，你去吗？

　　乙：那当然。

二、相似说法　（The similar expressions）

1. 星海公园真大啊！

    (1) 星海公园这么大啊！

    (2) 星海公园好大啊！

    (3) 星海公园真够大的！

2. 真像是在画儿里一样啊！

    (1) 真像画儿一样啊！

    (2) 好像是画儿一样。

    (3) 像画儿一样美。

3. 每年来这里参观的人络绎不绝。

    (1) 每年都有很多人来这里参观。

    (2) 每年来参观的人数不胜数。

4. 作为这个城市的人，你一定很自豪吧？

    (1) 身为这个城市的人，你一定很骄傲吧？

    (2) 身为这个城市的一分子，你很自豪吧？

5. 当然啦，星海公园是这里的骄傲。

    (1) 那是当然啦，星海公园是这里的骄傲。

    (2) 对呀，这个城市的人都以星海公园为骄傲。

    (3) 可不是嘛，大家都为星海公园感到骄傲。

第九课　旅游
Lesson 9　Travel

9

口语练习 Speaking exercises

一、用正确的语调朗读下面的句子
（Read the following sentences in correct intonation loudly）

1. 星海公园真大啊！
2. 真像是在画儿里一样啊！
3. 每年来这里参观的人络绎不绝。
4. 当然啦，星海公园是这里的骄傲。
5. 我也希望它越来越漂亮。

二、替换练习　（Substitution drills）

1. 星海公园真大啊！

中国菜	好吃
人	多
你的名字	好听
中山广场	漂亮

2. 不仅大，而且也很漂亮吧？

高	胖
多	有意思
贵	难吃
合适	便宜

3. 我也希望它越来越漂亮。

妈妈	年轻
女儿	聪明
你的汉语	好
自己	苗条

三、回答问题　（Answer the following questions）

1. 你去过中国什么地方？你觉得怎么样？

2. 你对你现在所在城市的印象怎么样？

3. 你家附近有没有公园？你常常去那儿吗？

4. 你觉得你现在所在的城市漂亮还是你的家乡更漂亮？为什么？

四、用所给的词语完成对话
（Complete the following dialogues with the given words）

1. 男：你对这个城市的印象怎么样？
   女：_____。（不仅……而且……）

2. 男：你和同屋的关系怎么样？
   女：_____。（像……一样）

3. 男：你喜欢小王吗？
   女：_____。（当然）

4. 男：我特别喜欢吃巧克力。
   女：_____。（越来越……）

五、复述所学的课文　（Retell the text）

六、讨论　（Discussion）

1. 谈谈你对你现在所在城市的印象。

2. 介绍一下你们国家的情况。

听力练习 Listening exercises

一、听录音，找出你听到的词语　（Listen and underline the words you heard）

1. A. 一定　　B. 肯定　　C. 决定　　D. 不定

第九课　　旅游
Lesson 9　　Travel

2. A. 好看　　　　B. 漂亮　　　　C. 美丽　　　　D. 明亮

3. A. 希望　　　　B. 盼望　　　　C. 期望　　　　D. 渴望

4. A. 鲜瓜　　　　B. 香花　　　　C. 鲜花　　　　D. 香瓜

二、听录音，回答问题　（Listen and answer the following questions）

1. 这段话主要谈的是什么地方的情况？

2. 这个地方可以吃饭吗？

3. 人们常常来这儿干什么？

4. 每天来这儿的人多吗？

三、听录音，判断正误

（True or false based on the following statements you heard）

1. 我常常去天天海鲜饭店吃饭。（　　）

2. 这个饭店的菜比较贵。（　　）

3. 这个饭店的菜很好吃。（　　）

4. 这个饭店很大，有6个分店。（　　）

5. 这个饭店最有名的菜是川菜。（　　）

四、听录音，选择正确答案　（Listen and choose the right answers）

1. 这座寺庙的名字叫_____。

A. 松山寺　　　　B. 寒山寺　　　　C. 南山寺

2. 这座寺庙是一座_____寺庙。

A. 佛教　　　　B. 伊斯兰教　　　　C. 道教

3. 这座寺庙有_____的历史。

A. 1000多年　　　　B. 1500多年　　　　C. 500多年

4. 这样的寺庙目前在这个地区有_____座。
   A. 50 多　　　　　B. 几十　　　　　C. 20 多

五、听录音,整理句子　(Listen and put the following sentences in order)
　　① 我觉得修建长城的人真了不起
　　② 所以叫它万里长城
　　③ 长城已有两千多年的历史了
　　④ 长城全长一万二千多里
　　⑤ 古代中国人确实很伟大

　　_____

六、听录音,填空　(Listen and fill in the blanks)
　　_____是中国有名的_____大古都之一,有着悠久的历史。_____上有很多朝代都把西安作为_____,所以西安的_____很多。

七、听录音,复述内容　(Listen and retell)

课文（三）
Text 3

王文：今天我们要爬的这座山叫千山,是东北有名的旅游胜地。
玛丽：为什么叫千山呢？它有什么特殊的来历吗？
王文：有哇,千山属于长白山脉的余脉,相传共由一千座山峰组成,故称千山。
玛丽：噢,还这么有意思呀！

第九课　旅游
Lesson 9　Travel

王文：千山是一个旅游胜地，山里共有大大小小的寺庙几十座，每年都接待成千上万来自全国各地的游客，特别是到了节假日，游人更是多得不得了。

玛丽：那千山最高的地方有多高？

王文：最高峰叫仙人台，有近1000米高。

玛丽：那么高哇，爬得上去吗？

王文：有我呢，保证没问题。如果你真的爬不动，我们可以坐缆车上去，但那就失去爬山的乐趣了。

玛丽：好，那我们就不坐缆车，一直爬上去。

王文：我们比赛看谁先爬到顶峰怎么样？

玛丽：走。

生词 New words

1.	胜地	shèngdì	famous place
2.	来历	láilì	origin; background
3.	属于	shǔyú	belong to
4.	山脉	shānmài	mountain range
5.	余	yú	surplus; remaining
6.	相传	xiāngchuán	according to legend
7.	由	yóu	by
8.	组成	zǔchéng	consist of
9.	故	gù	therefore
10.	称	chēng	to name; to call

11. 寺庙	sìmiào	temple
12. 接待	jiēdài	to receive
13. 成千上万	chéngqiān-shàngwàn	tens of thousands
14. 来自	láizì	come from
15. 仙人台	Xiānréntái	*the highest peak in Qian Mountains*
16. 缆车	lǎnchē	cable car

注释 Notes

一、语言要点 (Grammar points)

1. "今天我们要爬的这座山叫千山"

   "要"常用于动词前,可表示"将要"的意思。如:

   (1)明天下午我要去打网球,你去吗?

   (2)我们要做的事还很多。

   (3)谁要去旅行?请到这儿来登记。

   (4)我要睡觉了,请关灯。

2. "相传共由一千座山峰组成"

   "由……组成"表示一种构成关系,引进组成对象。如:

   (1)第一小组由一名教师和十名学生组成。

   (2)整个画面由一只鸟和一朵花儿组成。

   (3)电脑由各种零件组成。

3. "故称千山"

   "故"来自古汉语,"所以"的意思。"称"是"叫作"的意思。如:

   (1)因其地势险要,故称"天堑"。

第九课　旅游　Lesson 9　Travel

(2)因其外表美丽,故称其为"西施"。

(3)因天气原因,故会议延期。

4."山里共有大大小小的寺庙几十座"

"大大小小"是形容词"大小"的重叠形式。常用于口语,表示一种既随意又亲切的语气。一般双音节形容词的重叠形式为AABB。如:

(1)每天大大小小的事情,都要由他亲自处理。

(2)小明大大小小的玩具,算起来有上百件。

(3)他的那些大大小小的家具,都让我扔了。

类似用法：
高高低低　　　完完全全　　　干干净净
高高兴兴　　　彻彻底底　　　明明白白

5."每年都接待成千上万来自全国各地的游客"

"成千上万",成语,表示数量极多。如:

(1)成千上万辆汽车在这条路上行驶。

(2)成千上万的鸟儿在这里安家。

(3)成千上万的旅行者来到了这座城市。

(4)春天来了,成千上万朵鲜花在广场上开放。

6."游人更是多得不得了"

"……得不得了"表示程度高,用于形容词或动词后,意思与"非常……"相同。如:

(1)今天来参加会议的人多得不得了。

(2)他饿得不得了,抓起来面包就吃。

(3)今天三十度,热得不得了。

(4)这道题难得不得了。

二、相似说法　(The similar expressions)

1. 它有什么特殊的来历吗?
   (1) 它有什么特别的来历吗?
   (2) 它的来历有什么特别的故事吗?

2. 故称千山
   (1) 所以叫作千山
   (2) 所以称它为千山
   (3) 因此叫它为千山

3. 游人多得不得了。
   (1) 游人多极了。
   (2) 游人多得不计其数。

4. 这座山有近1000米高。
   (1) 这座山近1000米高。
   (2) 这座山将近1000米。
   (3) 这座山近1000米。

5. 爬得上去吗?
   (1) 能爬上去吗?
   (2) 爬得上去爬不上去?

口语练习 Speaking exercises

一、用正确的语调朗读下面的句子

(Read the following sentences in correct intonation loudly)

1. 它有什么特殊的来历吗?

第九课　旅游
Lesson 9　Travel

2. 还这么有意思呀！

3. 我们可以坐缆车上去，但那就失去爬山的乐趣了。

4. 我们比赛看谁先爬到顶峰怎么样？

二、替换练习　（Substitution drills）

1. 今天我们要爬的这座山叫千山。

去的这个地方	寒山寺
学的课文	《旅游》
听的这首歌曲	《茉莉花》
见的这个人	李小东

2. 我们比赛看谁先爬到顶峰怎么样？

| 游到对岸 |
| 吃完 |
| 跑到终点 |
| 做完作业 |

三、回答问题　（Answer the following questions）

1. 你喜欢爬山吗？为什么？

2. 你们国家最高的山是什么山？它有多高？

3. 给大家介绍一个你们国家有名的旅游胜地。

4. 你喜欢旅行吗？你觉得旅行可以帮助你学汉语吗？为什么？

四、用所给的词语完成对话

（Complete the following dialogues with the given words）

1. 男：他是谁呀？

　　女：_____。（叫）

2. 男：他们两个人的关系怎么样？
   女：_____。（不得了）

3. 男：你觉得我们谁能先爬到顶峰？
   女：_____。（看）

五、复述所学的课文　(Retell the text)

六、讨论　(Discussion)
　　1. 给大家介绍一下你们国家有名的广场。
　　2. 周末或节假日，你常去哪儿玩儿？那个地方怎么样？
　　3. 谈谈你对所在城市的印象。

听力练习 Listening exercises

一、听录音，找出你听到的词语　(Listen and underline the words you heard)

1. A. 人民　　B. 人们　　C. 游人　　D. 大人
2. A. 要是　　B. 如果　　C. 可能　　D. 结果
3. A. 坐　　　B. 乘　　　C. 买　　　D. 跑
4. A. 什么　　B. 谁　　　C. 怎么　　D. 那么

二、听录音，回答问题　(Listen and answer the following questions)

1. 这段话主要谈的是什么？
2. 这个火车站有多少年的历史了？

第九课　　旅游
Lesson 9　　Travel

3. 最近又新开通了几趟列车?

4. 最近这个火车站会发生什么变化?

5. 一年后它将变成什么样?

三、听录音,判断正误

　　(**True or false based on the following statements you heard**)

1. 来这儿参观的人很多。(　　)

2. 这个饭馆儿的粤菜最有名。(　　)

3. 大连是个有名的足球城市。(　　)

4. 公园里的花儿多极了。(　　)

5. 今天可真热呀!(　　)

6. 这个地方有什么特产吗?(　　)

7. 我今天玩儿得太累了。(　　)

8. 你看,我们带了这么多东西!(　　)

9. 从宾馆到机场大概要用多长时间?(　　)

10. 这个城市的街景可真漂亮啊!(　　)

四、听录音,选择正确答案　　(**Listen and choose the right answers**)

1. 长白山天池形成的原因是_____。

　　A. 火山喷发　　　　B. 长年下雨　　　　C. 高山积雪融化

2. _____时,长白山湖光山色,十分漂亮。

　　A. 晴天　　　　　　B. 阴天　　　　　　C. 周末

3. 天池属于_____。

　　A. 中国　　　　　　B. 朝鲜　　　　　　C. 中国和朝鲜共有

五、听录音,整理句子 (Listen and put the following sentences in order)

① 是本市最大、最干净、最著名的海水浴场
② 让人饱享休闲娱乐的乐趣
③ 这里还为游客专门设立了海上快艇、滑水、空中飞艇等各种娱乐设施
④ 这个游泳场叫付家庄游泳场
⑤ 每到夏季,这里就吸引了无数海内外游客
⑥ 除了游泳、钓鱼外

_____

六、听录音,填空 (Listen and fill in the blanks)

中国位于_____,地处_____东部,陆地与_____个国家相邻,陆界总长_____多公里,大陆_____线长18000多公里。全国陆地_____约960万平方公里,是亚洲最大的国家。中国_____相距约5500公里,_____的黑龙江省还是_____的季节时,_____的海南岛却是一片_____景象。

七、听录音,复述内容 (Listen and retell)

补充生词
(Supplementary new words)

1. 运动衣   yùndòngyī   sportswear
2. 儿童   értóng   children
3. 景色   jǐngsè   scene
4. 度假村   dùjiàcūn   holiday village

第九课　旅游
Lesson 9　Travel

5. 名胜古迹	míngshèng gǔjì	scenic spots and historical sites
6. 佛教	Fójiào	Buddhism
7. 伊斯兰教	Yīsīlánjiào	Islamism
8. 道教	Dàojiào	Taoism
9. 古都	gǔdū	ancient capital
10. 清澈	qīngchè	crystal-clear
11. 透明	tòumíng	transparent
12. 湖光山色	húguāng-shānsè	landscape of lakes and mountains
13. 境内	jìngnèi	within the borders

中国文化点滴
(Chinese culture snack)

　　中国古典园林是古代建筑艺术的一颗明珠。现在保存下来的园林大部分是明清时代建造的。古典园林一般分为私家园林和皇家园林。私家园林大多数分布在江南一带。它利用南方四季长青、花木茂盛的特点，构思巧妙，布局灵活。著名的私家园林有苏州的拙政园、留园、狮子林、沧浪亭，无锡的寄畅园和扬州的个园。北方的皇家园林规模宏大，气势雄伟，充分表现出了豪华富贵的气派。具有代表性的皇家园林有：河北承德的避暑山庄、北京的颐和园和北海公园。

　　中国古典园林崇尚自然，刻意在园林中体现自然美，追求诗情画意。这与西方园林整齐的草地、规整的花坛、优美的喷泉和高雅的雕塑艺术截然不同。

第十课　谈出国

Lesson 10　Talk about going abroad

课文 (一)
Text 1

彼得：听说　你要　出国　了？
Bǐdé：Tīngshuō nǐ yào chū guó le?

安妮：对，下个月就走。
Ānnī：Duì, xià ge yuè jiù zǒu.

彼得：去哪个国家？
Bǐdé：Qù nǎ ge guójiā?

安妮：中国。
Ānnī：Zhōngguó.

彼得：去多长时间？
Bǐdé：Qù duō cháng shíjiān?

第十课　　谈出国
Lesson 10　Talk about going abroad

安妮：大约 半 年，去学习汉语。
Ānnī：Dàyuē bàn nián, qù xuéxí Hànyǔ.

彼得：你是 公费 还是自费？
Bǐdé：Nǐ shì gōngfèi háishi zìfèi?

安妮：公费， 是 学校 派我去的。
Ānnī：Gōngfèi, shì xuéxiào pài wǒ qù de.

生词 New words

1. 出国　　　　chū guó　　　　go abroad
2. 下个月　　　xià ge yuè　　　next month
3. 公费　　　　gōngfèi　　　　at public or state expense
4. 自费　　　　zìfèi　　　　　at one's own expense
5. 派　　　　　pài　　　　　　to send

注释 Notes

一、语言要点　(Grammar points)

　　1."你是公费还是自费？"

　　　"是……还是……"表示选择其中之一。如：

　　　"是……还是……"is used in the alternative question. For example：

　　(1)甲：你是日本人还是韩国人？（Nǐ shì Rìběnrén háishi Hánguórén?
　　　　　　Are you Japanese or Korean?）

　　　　乙：我是韩国人。（Wǒ shì Hánguórén.　I am Korean.）

(2)甲：这是面包还是馒头？（Zhè shì miànbāo háishi mántou? Is this the bread or the steamed bread?）

乙：面包。（Miànbāo. The bread.）

(3)甲：你会说汉语还是英语？（Nǐ huì shuō Hànyǔ háishi Yīngyǔ? Can you speak Chinese or English?）

乙：我会说汉语。（Wǒ huì shuō Hànyǔ. I can speak Chinese.）

2."是学校派我去的"

"派"意思是安排（一般指上级、长辈的安排）。如：

"派" means "to send"(It is sent by the leader or elder member of a family). For example：

(1)学校派我去日本。（Xuéxiào pài wǒ qù Rìběn. I will be sent to Japan by my school.）

(2)班长派我当值日生。（Bānzhǎng pài wǒ dāng zhírìshēng. The monitor let me be on duty.）

(3)是爷爷派我来的！（Shì yéye pài wǒ lái de! It was my grandpa who sent me to come here.）

二、相似说法　（The similar expressions）

1.听说你要出国了？

(1)听说你要去国外了？

(2)听别人说你要出国了？

(3)据说你要出国了？

2.去哪个国家？

(1)到哪个国家去？

(2)去什么国家？

第十课　　谈出国
Lesson 10　Talk about going abroad

口语练习 Speaking exercises

一、用正确的语调朗读下面的句子

(Read the following sentences in correct intonation loudly)

1. 听说你要出国了？
2. 对，下个月就走。
3. 去哪个国家？
4. 去多长时间？
5. 是学校派我去的。

二、替换练习　(Substitution drills)

1. 听说你要出国了？

| 他 |
| 小王 |
| 安妮 |
| 李老师 |

2. 我去中国。

| 日本 |
| 英国 |
| 美国 |
| 韩国 |

3. 下个月就走。

| 今天 |
| 明天 |
| 下个星期 |
| 下周 |

三、回答问题　(Answer the following questions)

1. 你出国留学是自费还是公费？
2. 这是你第一次出国吗？
3. 你还去过哪些国家？以后想去哪些国家？

四、用所给的词语完成对话

(Complete the following dialogues with the given words)

1. 男：_____？（听说）
   女：是的，_____。（下个月）

205

男：＿＿＿＿＿＿＿＿＿＿＿＿＿＿？（哪个）

女：＿＿＿＿＿＿＿＿＿＿＿＿＿＿。（英国）

2. 男：＿＿＿＿＿＿＿＿＿＿＿＿＿＿？（公费，自费）

女：是＿＿＿＿＿＿＿＿＿＿＿＿。（派）

男：去多长时间？

女：半年。

五、复述所学的课文 （Retell the text）

六、讨论 （Discussion）

1. 你出国多长时间了？
2. 你为什么来中国学习汉语？

听力练习 Listening exercises

一、听录音，找出你听到的词语 （Listen and underline the words you heard）

1. A. 印度　　B. 美国　　C. 英国　　D. 法国

2. A. 美洲　　B. 亚洲　　C. 欧洲　　D. 中国

3. A. 北京　　B. 巴黎　　C. 英国　　D. 日本

二、听录音，回答问题 （Listen and answer the following questions）

1. 小王是哪国人？
2. 小王是做什么的？
3. 他想去哪儿？
4. 他想学习多长时间？

第十课　谈出国

Lesson 10　Talk about going abroad

三、听录音,判断正误

(True or false based on the following statements you heard)

1. 李美英还没有毕业。（　　）
2. 她想到中国去。（　　）
3. 她要去中国工作。（　　）
4. 她已经办好了护照。（　　）

四、听录音,选择正确答案　(Listen and choose the right answers)

1. 很多中国大学生都想_____。
   A. 学习　　　　B. 出国　　　　C. 旅游

2. 女的想去哪儿?
   A. 英国　　　　B. 中国　　　　C. 法国

3. 女的是哪个系的学生?
   A. 中文系　　　B. 外文系　　　C. 教育系

4. 女的想出国做什么?
   A. 学汉语　　　B. 学法语　　　C. 学英语

五、听录音,回答问题　(Listen and answer the following questions)

1. 玛丽在哪儿留学?在手机地图上找出学校的位置。
2. 玛丽去过中国的哪些城市?在地图上找出这些城市的位置。
3. 玛丽去过中国的西部城市吗?在地图上找出几个中国西部城市。

六、听录音,整理句子

(Listen and put the following sentences in order)

① 明天就要出国了

② 我要到中国学习汉语

③ 时间是半年

④ 我叫田中

_____

七、听录音,复述内容　(Listen and retell)

课文（二）
Text 2

王兰：听说你要提前回国？

田中：是啊。下星期我必须赶回去。

王兰：怎么这么急？

田中：是这样,我姑姑住在英国,她最近回日本探亲,打算让我去英国留学。

王兰：真羡慕你。你到过不少国家吧？

田中：可不是,韩国、印度、中国……真是大开眼界。

第十课　谈出国
Lesson 10　Talk about going abroad

王兰：以后你到英国，又能欣赏欧洲风景了。

田中：是啊。我爱好旅游。我觉得旅游可以增长见识。

王兰：以后我有机会的话，一定也出去看看。

田中：应该这样，长长见识嘛！

生词 New words

1. 必须　　　　bìxū　　　　　　must
2. 赶　　　　　gǎn　　　　　　hurry; rush for
3. 探亲　　　　tàn qīn　　　　go home to visit one's family or relatives
4. 羡慕　　　　xiànmù　　　　to admire
5. 印度　　　　Yìndù　　　　　India
6. 大开眼界　　dà kāi yǎnjiè　open one's eyes; broaden one's horizon
7. 欣赏　　　　xīnshǎng　　　to enjoy
8. 欧洲　　　　Ōuzhōu　　　　Europe
9. 爱好　　　　àihào　　　　　be fond of
10. 增长　　　 zēngzhǎng　　　to increase; to enhance; to enrich
11. 见识　　　 jiànshi　　　　knowledge; experience

注释 Notes

一、语言要点 （Grammar points）

1. "怎么这么……"

   表示询问原因或感叹。后面跟形容词或动词，句尾可加语气词"呢"。如：

   (1) 怎么这么快？

   (2) 怎么这么冷？

   (3) 这孩子怎么这么不听话呢？

   (4) 他怎么这么坏呢？

2. "是这样"

   说明原因，重音在"这样"二字上。如：

   (1) 是这样，王文让我来找你。

   (2) 事情是这样的，昨天玛丽给你打了电话，她想找你商量一下。

   (3) 是这样，我们原来就认识，是同班同学。

   (4) 经过是这样的：小王先打了小李，小李才打小王的。

3. "可不是"

   表示同意，意思与"对""当然是"相同。如：

   (1) 甲：这只小狗真可爱！

      乙：可不是！

   (2) 甲：你哥哥真帅！

      乙：可不是，帅极了。

   (3) 甲：今天天气真冷！

      乙：可不是。

第十课　谈出国
Lesson 10 Talk about going abroad

二、相似说法　（The similar expressions）

1. 怎么这么急？
   (1) 怎么会这么急呢？
   (2) 为什么这么急？

2. 可不是！
   (1) 当然是！
   (2) 对！
   (3) 没错儿！
   (4) 是啊！

口语练习 Speaking exercises

一、用正确的语调朗读下面的句子

（Read the following sentences in correct intonation loudly）

1. 下星期我必须赶回去。
2. 怎么这么急？
3. 真羡慕你。
4. 真是大开眼界。
5. 我爱好旅游。
6. 我觉得旅游可以增长见识。

二、替换练习　(Substitution drills)

1. 下星期必须赶回东京。　2. 怎么这么急？　3. 我姑姑住在英国。

| 下个月 |
| 晚上 |
| 下周 |
| 星期二 |

| 北京 |
| 学校 |
| 美国 |
| 训练场 |

| 大 |
| 小 |
| 快 |
| 慢 |

| 姐姐 |
| 舅舅 |
| 朋友 |
| 奶奶 |

| 中国 |
| 日本 |
| 美国 |
| 乡下 |

三、回答问题　(Answer the following questions)

1. 你到过哪些国家？
2. 出国之前,你担心吗？为什么？
3. 来中国前,你做了什么准备？

四、用所给的词语完成对话

(Complete the following dialogues with the given words)

1. 男：这几天怎么没见玛丽呢？
   女：_____。（听说）
   男：_____？（公费,自费）
   女：她是学校派到中国去的,公费生。

2. 男：听说_____？（提前）
   女：_____。
   男：为什么_____？（急）
   女：_____。（是这样）

3. 男：请问,_____？（爱好）
   女：我喜欢_____。

第十课　谈出国
Lesson 10　Talk about going abroad

五、复述所学的课文 （Retell the text）

六、讨论 （Discussion）

1. 你对年轻人的"出国热"怎么看？
2. 你喜欢旅游吗？还有其他什么爱好？

听力练习 Listening exercises

一、听录音，找出你听到的词语 （Listen and underline the words you heard）

1. A. 西欧　　B. 法国　　C. 新西兰　　D. 俄罗斯

2. A. 法国　　B. 韩国　　C. 英国　　　D. 德国

3. A. 俄罗斯　B. 罗马　　C. 韩国　　　D. 日本

二、听录音，回答问题 （Listen and answer the following questions）

1. 彼得是哪国人？
2. 他有什么爱好？
3. 他是第几次来中国？
4. 他打算在中国学习多长时间？

三、听录音，判断正误

(True or false based on the following statements you heard)

1. 山姆的足球踢得还可以。（　　）
2. 大家不喜欢他。（　　）
3. 他参加过一次足球比赛。（　　）
4. 他去过巴西。（　　）

四、听录音，选择正确答案　（Listen and choose the right answers）

1. 男的要提前回哪儿？
   A. 韩国　　　B. 日本　　　C. 中国

2. 公司派他去哪儿工作？
   A. 非洲　　　B. 欧洲　　　C. 美洲

3. 男的最少去过几个国家？
   A. 三个　　　B. 一个　　　C. 五个

4. 女的很想出国_____。
   A. 看看风景　B. 学习汉语　C. 开开眼界

五、听录音，回答问题　（Listen and answer the following questions）

1. 马克和山姆为什么分开旅行？
2. 马克从哪儿出发？到了哪儿？在手机地图上找出马克的出行路线。
3. 山姆从哪儿出发？到了哪儿？在地图上找出山姆的出行路线。

第十课　谈出国
Lesson 10　Talk about going abroad

六、听录音,整理句子　(Listen and put the following sentences in order)

① 可是,我必须按时赶回去
② 让我提前回国找工作
③ 我父母昨天来电话
④ 真舍不得你们啊
⑤ 我就要走了

七、听录音,复述内容　(Listen and retell)

课文（三）
Text 3

玛丽：小王,听说中国很多年轻人都想出国,是吗?
王文：没错儿。年轻人谁不想出国啊?
玛丽：你呢?
王文：不瞒你说,我正在拼命学外语呢!
玛丽：那你打算出去干什么呢?
王文：干什么并不是最重要的,重要的是人年轻时,应该到处走走,开开眼界。
玛丽：对! 拿我来说吧,原先不了解中国,觉得中国既神秘又落后,可来了一看,和我想的完全不一样!
王文：你要是一直待在美国,永远也不能真正了解中国。
玛丽：记得离开美国前,妈妈给我买了一大堆东西,怕中国没有卖的。你说可笑不可笑?

王文：所以，应该趁年轻，到各国看一看，增加一些阅历和才干。
玛丽：怪不得你拼命学外语呢！为今后出国做准备呢！
王文：没错儿！你说得对极了。

生词 New words

1. 年轻　　　　niánqīng　　　　young
2. 瞒　　　　　mán　　　　　　hide the truth from(sb.)
3. 拼命　　　　pīnmìng　　　　exerting one's utmost;
　　　　　　　　　　　　　　　for all one is worth
4. 神秘　　　　shénmì　　　　　mysterious
5. 落后　　　　luòhòu　　　　　backward; underdeveloped
6. 可笑　　　　kěxiào　　　　　funny
7. 阅历　　　　yuèlì　　　　　　experience
8. 才干　　　　cáigàn　　　　　ability; competence

注释 Notes

一、语言要点　（Grammar points）
　1."谁不想……啊"
　　反问句，加强肯定的意思。如：
　　（1）谁不想出国啊！（意思是：大家都想出国）
　　（2）谁不想成功啊！（意思是：大家都想成功）

第十课　　谈出国
Lesson 10　Talk about going abroad

　　(3)谁不想去北京啊！（意思是：大家都想去北京）

　　(4)谁不想看电视啊！（意思是：大家都想看电视）

2. "不瞒你说"

　　向对方说出自己的心里话或真实情况。如：

　　(1)不瞒你说，我已经失业了。

　　(2)不瞒你说，小王不喜欢我。

　　(3)不瞒你说，我更喜欢英国。

　　(4)不瞒你说，我今天没去上课。

3. "拿……来说(吧)"

　　举例子，"比如"的意思。如：

　　(1)大家都喜欢这个电影，拿小王来说吧，他一连看了两遍。

　　(2)留学生都爱好旅游，拿我来说，已经去过中国的不少地方了。

　　(3)全家都很喜爱这只小狗。拿爷爷来说，他每天都要和小狗一起散步。

　　(4)拿爸爸来说，每天都要工作到晚上12点。

二、相似说法　（The similar expressions）

1. 谁不想出国啊！

　　(1)谁都想出国。

　　(2)没有人不想出国。

　　(3)人人都想出国。

　　(4)大家都想出国。

2. 你说可笑不可笑？

　　(1)你说可笑不？

　　(2)你说可笑吧？

　　(3)你说多可笑！

口语练习 Speaking exercises

一、用正确的语调朗读下面的句子

（Read the following sentences in correct intonation loudly）

1. 年轻人谁不想出国啊？
2. 我正在拼命学外语呢！
3. 应该到处走走，开开眼界。
4. 拿我来说吧，原先不了解中国。
5. 你说可笑不可笑？
6. 应该趁年轻，到各国看一看。

二、替换练习 （Substitution drills）

1. 很多<u>年轻人</u>都想<u>出国</u>。

外国人	学汉语
留学生	去旅行
小朋友	出去玩儿
游客	开开眼界

2. 不瞒你说，我正在拼命学外语呢！

他	口语
爸爸	画画儿
奶奶	写字
弟弟	踢球

第十课　　谈出国
Lesson 10　Talk about going abroad

三、回答问题 （Answer the following questions）

1. 你的父母支持你来中国吗？
2. 谈谈你们国家年轻人对出国的看法。
3. 如果有足够的钱，你最想去什么地方？
4. 你认为，出国学习最重要的意义是什么？

四、用所给的词语完成对话

（Complete the following dialogues with the given words）

1. 男：_____？（听说，打算）

   女：是的，我下星期就出发。

   男：_____？（怎么这么……呢）

   女：我爸爸让我_____。（赶回去）

   男：回去做什么呢？

   女：找工作。

2. 男：我觉得，_____。（趁年轻）

   女：可不是！_____。（增长见识）

   男：_____，去过那么多国家！（羡慕）

   女：我非常喜欢_____。（各国）

3. 男：你们国家的年轻人想出国吗？

   女：_____！（谁不想……啊）

   男：那你呢？

   女：_____。（不瞒你说）

   男：_____？（想，哪个）

   女：哪个国家都行，我主要想_____。（增长）

五、复述所学的课文　（Retell the text）

六、讨论　（Discussion）
　　1. 你们国家有没有"出国热"这种现象？你怎么看这个问题？
　　2. 互相介绍一下出国的目的及出国前的准备情况。
　　3. 你觉得出国有什么好处或难处？出国后你最大的收获是什么？

听力练习 Listening exercises

一、听录音，找出你听到的词语　（Listen and underline the words you heard）

　　1. A. 祖国　　　B. 回国　　　C. 入国　　　D. 出国

　　2. A. 回来　　　B. 回国　　　C. 出国　　　D. 回去

　　3. A. 欧洲　　　B. 美洲　　　C. 亚洲　　　D. 非洲

　　4. A. 一种语言　B. 两种语言　C. 三种语言　D. 几种语言

二、听录音，回答问题　（Listen and answer the following questions）
　　1. 田中什么时候去过韩国？
　　2. 他现在在哪儿？
　　3. 明年他打算去哪儿？
　　4. 他觉得到各地走走，有什么好处？

三、听录音，判断正误
　　（True or false based on the following statements you heard）
　　1. 安妮在一家公司工作。（　　）
　　2. 她和妹妹还没办好护照。（　　）

第十课　　谈出国
Lesson 10　Talk about going abroad

3. 她们一个去中国,一个去日本。(　　)
4. 她们下个月就要出发。(　　)

四、听录音,选择正确答案　(Listen and choose the right answers)

1. 日本打算派什么人来访问?
 A. 工人　　　　B. 老师　　　　C. 学生

2. 访问的时间是多长?
 A. 三个月　　　B. 一个月　　　C. 半个月

3. 他们想了解什么?
 A. 经济情况　　B. 大学生的情况　C. 居民的情况

五、听录音,回答问题　(Listen and answer the following questions)

1. 说话人去过法国吗?
2. 找一张世界地图,在图上指出法国、埃及和澳大利亚的位置。
3. 找出西欧和北非的位置。

六、听录音,整理句子　(Listen and put the following sentences in order)

① 我发现一个挺有趣的现象
② 到中国后
③ 很多大学生都想出国
④ 那就是
⑤ 所以,他们都在拼命学习外语
⑥ 我也觉得
⑦ 这样可以增长见识
⑧ 人应该趁年轻到世界各地去走走

七、听录音,复述内容　(Listen and retell)

补充词语
(Supplementary new words)

1.	下周	xià zhōu	next week
2.	美国	Měiguó	U.S.A.
3.	法国	Fǎguó	France
4.	美洲	Měizhōu	America
5.	亚洲	Yàzhōu	Asia
6.	巴黎	Bālí	Paris
7.	办	bàn	apply for
8.	中文系	zhōngwénxì	Chinese Department
9.	法语	Fǎyǔ	French
10.	外文系	wàiwénxì	Foreign Language Department
11.	教育系	jiàoyùxì	Education Department
12.	留学	liú xué	study abroad
13.	西部	Xībù	the West
14.	昆明	Kūnmíng	Kunming, *capital of Yunnan Province*
15.	地图	dìtú	map
16.	位置	wèizhi	location
17.	澳大利亚	Àodàlìyà	Australia
18.	新西兰	Xīnxīlán	New Zealand
19.	非洲	Fēizhōu	Africa
20.	新加坡	Xīnjiāpō	Singapore

第十课　　谈出国
Lesson 10　Talk about going abroad

中国文化点滴
（Chinese culture snack）

　　中国古时候就有"游学"的传统,读书人结伴到外地求学、游历,以增长见识,既提高了文化水平,又饱览了大好河山的美丽风光。

　　不过,那时的学子们都遵循一条圣训:"父母在,不远游",意思是当父母还健在时,不要到很远的地方去,免得对父母照顾不到,不能尽孝。

　　现在,人们的思想观念发生了极大的变化,年轻人不但热切希望"走出家门",而且更进一步,纷纷"走出国门"。

　　如今,世界许多地方都有中国人的足迹,越来越多的人把出国（留学、工作、旅游观光或永久居住）当作自己的目标或理想,掀起了"出国热""移民热"。

第十一课 送别

Lesson 11 — See sb. off

课文（一） Text 1

王兰： 时间 过得 真 快呀！
Wáng Lán: Shíjiān guò de zhēn kuài ya!

大卫： 是啊，我们 就要 分别 了。
Dàwèi: Shì a, wǒmen jiù yào fēnbié le.

王兰： 欢迎 你再来。
Wáng Lán: Huānyíng nǐ zài lái.

大卫： 我 一定 再来。
Dàwèi: Wǒ yídìng zài lái.

王兰： 车来了，请 上 车 吧。
Wáng Lán: Chē lái le, qǐng shàng chē ba.

第十一课　　送　别
Lesson 11　　See sb. off

大卫：　　谢谢 你 来 送 我。再见！
Dàwèi：　　Xièxie nǐ lái sòng wǒ. Zàijiàn!

王兰：　　再见！ 祝 你 一路 平安。
Wáng Lán：Zàijiàn! Zhù nǐ yílù píng'ān.

生词 New words

1. 分别　　　　fēnbié　　　　say goodbye to each other
2. 上车　　　　shàng chē　　　get on a bus
3. 祝　　　　　zhù　　　　　　to wish
4. 一路　　　　yílù　　　　　all the way
5. 平安　　　　píng'ān　　　　safe and sound

注释 Notes

相似说法　（The similar expressions）

1. 时间过得真快呀！
   时间过得太快了！

2. 我们就要分别了。
   我们马上要分别了。

3. 祝你一路平安。
   (1)祝你一路顺风。
   (2)祝你一路顺利。

口语练习 Speaking exercises

一、用正确的语调朗读下面的句子

（Read the following sentences in correct intonation loudly）

1. 时间过得真快呀！
2. 我们就要分别了。
3. 欢迎你再来。
4. 我一定再来。
5. 祝你一路平安。

二、替换练习 （Substitution drills）

1. 我们就要<u>分别</u>了。

   | 走 |
   | 回国 |
   | 离开 |
   | 说再见 |

2. 欢迎你<u>再来</u>。

   | 常来 |
   | 再来中国 |
   | 有时间来玩儿 |

3. 祝你一路<u>平安</u>。

   | 顺利 |
   | 顺风 |
   | 保重 |

三、回答问题 （Answer the following questions）

1. 你在这儿生活得怎么样？
2. 这儿的天气怎么样？
3. 你觉得汉语难吗？
4. 你喜欢吃中国菜吗？

第十一课　　送　别
Lesson 11　　See sb. off

四、用所给的词语完成对话
（Complete the following dialogues with the given words）

1. 男：时间过得真快呀！
   女：_____。（分别）

2. 男：欢迎你再来中国。
   女：_____。（一定）

3. 男：谢谢你来送我。
   女：不客气，_____。（一路平安）

五、看图说话　（Tell a story based on the following picture）

（参考词语：分别，真快呀，欢迎，一路平安）

六、复述所学的课文　（Retell the text）

听力练习 Listening exercises

一、听录音,选择正确答案 (Listen and choose the right answers)

1. 他们来了多长时间了?
   A. 一个月　　　　B. 两个月　　　　C. 三个月

2. 女的什么时候再来?
   A. 今年　　　　　B. 明年　　　　　C. 下个月

3. 女的现在上车吗?
   A. 等一会儿上车　B. 马上上车　　　C. 上车了

4. 男的什么时候回国?
   A. 下星期日　　　B. 这星期日　　　C. 下星期一

二、听录音,选择正确的句子 (Listen and choose the right sentences)

1. A. 时间太快了。(　　)
   B. 时间不快。(　　)

2. A. 我会再来中国的。(　　)
   B. 我不会再来中国了。(　　)

3. A. 你送我,我谢谢你。(　　)
   B. 你不用送我了。(　　)

三、听录音,判断正误
   (True or false based on the following statements you heard)

1. 我们下星期三就回国了。(　　)

第十一课　　送　别
Lesson 11　　See sb. off

2. 一个多月，我们学会了很多汉语。（　　）

3. 我们觉得英语很有意思。（　　）

四、听录音，回答问题　（**Listen and answer the following questions**）

1. 王文为什么来送智子？

2. 飞机是几点的？

3. 他们现在要干什么？

五、听录音，填空　（**Listen and fill in the blanks**）

一个_____的学习结束了。我_____就要回国了。我真_____这儿的生活。我真喜欢我的中国_____。有时间我一定要再来_____他们。

六、听录音，整理句子　（**Listen and put the following sentences in order**）

① 今天我来送他

② 我欢迎他再来中国

③ 我祝他一路平安

④ 大卫明天回美国

_____

课文（二）
Text 2

彼得：学习结束了，我来向你告别。

王文：几周的时间一转眼就过去了。

彼得：我在这儿生活得很愉快，谢谢你的帮助。

王文：有照顾不周的地方，请原谅。

彼得：时间虽说短点儿，收获倒不少。我不仅游览了很多名胜古迹，提高了汉语水平，还交了不少朋友。

王文：回国后有什么打算呢？

彼得：在学校继续学习。

王文：我们保持联系吧。

彼得：好的，我们有微信，你再给我留下你的地址和电话。

王文：好，有事用微信联系。我们后会有期！

彼得：再次感谢你的帮助。

生词 New words

1. 告别　　　　gàobié　　　　　say goodbye
2. 照顾　　　　zhàogù　　　　　look after; care for
3. 不周　　　　bùzhōu　　　　　inattentive; thoughtless
4. 游览　　　　yóulǎn　　　　　to tour
5. 继续　　　　jìxù　　　　　　to continue
6. 保持　　　　bǎochí　　　　　to keep
7. 联系　　　　liánxì　　　　　to touch; to contact
8. 留　　　　　liú　　　　　　　to leave (behind)
9. 地址　　　　dìzhǐ　　　　　　address
10. 后会有期　hòuhuì-yǒuqī　　meet again someday

第十一课　送　别
Lesson 11　See sb. off

注释 Notes

一、语言要点　（Grammar points）

1. **"虽说……倒……"**

"虽说"常用于口语,与"虽然"意思相同,常与"但是、可是、可、却、倒"呼应。可用于主语前后。"倒"表示转折。如:

(1)学习虽说很累,倒挺有意思的。

(2)这个房间虽说不大,倒很干净。

(3)甲:你不是感冒了吗?怎么来上课了?

乙:虽说有点儿感冒,倒不发烧,没什么关系。

2. **"后会有期"**

分别时常说,意思是以后还有见面的机会。如:

(1)甲:再见!祝你一路顺风。

乙:再见!我们后会有期。

(2)甲:谢谢你来送我,再见。

乙:咱们后会有期。

二、相似说法　（The similar expressions）

1. 时间一转眼就过去了。

(1)时间一晃就过去了。

(2)时间一下子就过去了。

(3)时间过得飞快。

2. 回国后有什么打算呢?

(1)回国后打算做什么?

(2)回国后的打算是什么?

(3)打算回国后做什么呢?

3. 我们后会有期!

(1) 我们还会见面的!

(2) 我们一定会再相见!

(3) 期待再次相见!

口语练习 Speaking exercises

一、用正确的语调朗读下面的句子

(Read the following sentences in correct intonation loudly)

1. 时间一转眼就过去了。

2. 时间虽说短点儿,收获倒不少。

3. 我提高了汉语水平,还交了不少朋友。

4. 我们保持联系吧。

5. 你再给我留下你的地址和电话。

6. 我们后会有期!

二、替换练习 (Substitution drills)

1. 我在这儿生活得很愉快。　　2. 收获倒不少。

| 学习 |
| 过 |
| 玩儿 |
| 住 |

| 的确 |
| 可 |
| 确实 |
| 真 |

第十一课　送　别
Lesson 11　See sb. off

3. 虽说<u>时间短点儿</u>,<u>收获</u>倒<u>不少</u>。

学习汉语很难	上课	很有意思
外面挺热	教室	很凉快
每天学习很忙	上课	不觉得累
他的发音不太准	说得	还流利

三、回答问题　(**Answer the following questions**)

1. 你在这儿生活得怎么样?
2. 中国的饭菜你习惯吗?
3. 你的汉语有进步吗?
4. 你觉得你现在住的城市怎么样?
5. 你以后还想来中国吗? 为什么?
6. 你交了几个中国朋友? 介绍一下他们。

四、用所给的词语完成对话
(**Complete the following dialogues with the given words**)

1. 男:＿＿＿＿＿＿＿＿＿＿＿＿＿＿。(一转眼)
   女:是啊,时间过得真快。

2. 男:＿＿＿＿＿＿＿＿＿＿＿＿＿＿?(怎么样)
   女:非常愉快,谢谢你的帮助。

3. 男:你回国后有什么打算?
   女:＿＿＿＿＿＿＿＿＿＿＿＿＿＿。(继续)

4. 男:我们以后保持联系吧。
   女:＿＿＿＿＿＿＿＿＿＿＿＿＿＿。(微信)

5. 男:你觉得这次短期留学怎么样?
   女:＿＿＿＿＿＿＿＿＿＿＿＿＿＿。(虽说……倒……)

五、整理句子 （Put the following sentences in order）

1. ① 真舍不得离开
   ② 学习结束了
   ③ 我们就要回国了
   _____

2. ① 生活也很愉快
   ② 我们都很满意
   ③ 在中国学汉语很有意思
   _____

3. ① 比如学打太极拳，学做中国菜，学习书法什么的
   ② 我们除了学习汉语
   ③ 课外活动也很丰富
   _____

六、看图说话 （Tell a story based on the following picture）

（参考词语：一转眼，虽说……倒……，打算，联系，欢迎，一路平安，后会有期）

第十一课　送　别
Lesson 11　See sb. off

听力练习 Listening exercises

一、听录音，选择正确答案　(Listen and choose the right answers)

1. 他们是几月来中国的？
   A. 八月　　　B. 二月　　　C. 六月

2. 田中对学习生活满意吗？
   A. 不清楚　　B. 比较满意　C. 很满意

3. 马克回国后打算做什么？
   A. 工作　　　B. 学习　　　C. 边学习边找工作

4. 马克为什么要快点儿写完论文？
   A. 准备毕业　B. 很着急　　C. 留出时间找工作

二、听录音，选择正确的句子　(Listen and choose the right sentences)

1. A. 我一个月前应该回国。（　　）
   B. 时间过得真快，我快回国了。（　　）

2. A. 我给你写信，打电话。（　　）
   B. 我们用微信保持联系。（　　）

3. A. 走着去太远了。（　　）
   B. 不远，走着去吧。（　　）

4. A. 我有四位中国朋友。（　　）
   B. 我有三位中国朋友。（　　）

5. A. 同学们决定去上海,田中决定去杭州。(　　)

　　B. 同学们想去上海,田中的意见是去杭州。(　　)

三、听录音,判断正误

(**True or false based on the following statements you heard**)

1. 我们在中国已经学习了两年。(　　)

2. 除了上课,我们还得到了老师的很多帮助。(　　)

3. 我们在学习汉语的同时也了解了中国。(　　)

四、听录音,回答问题　(**Listen and answer the following questions**)

1. 男的现在是几年级的学生?

2. 男的回国后做什么?

3. 男的毕业后想做什么工作?

五、听录音,填空　(**Listen and fill in the blanks**)

　　送_____也是一门学问,送给谁,送什么都_____考虑。礼物_____送给_____,还可以送给朋友家的_____或_____,因为在中国家庭中,老人和孩子常常是最_____关心和_____的。给老人买点儿_____,给孩子买点儿_____或者_____,朋友一定会觉得你细心_____。

六、听录音,整理句子　(**Listen and put the following sentences in order**)

① 大家说了自己喜欢的工作

② 他准备当汉语教师

③ 马克喜欢计算机方面的工作

④ 学习结束的最后一节课上

⑤ 田中觉得教师工作很好

第十一课　送　别
Lesson 11　See sb. off

课文（三）
Text 3

李　丽：请入座,今晚设个便宴为你们送行。

玛　丽：我们刚参加完结业典礼,又来参加这么丰盛的宴会,心情很激动,真不知说什么才好。

王　文：看你说到哪儿去了。我们不是已经成了朋友了吗？客气什么呀！

李　丽：请随便点儿,咱们边吃边聊。

李美英：这几周的生活给我留下了很深的印象。学习生活又紧张又愉快,时间虽短,但很值得。

玛　丽：吃的、住的、玩儿的都很满意,学校的安排很周到,课堂学习也挺有意思的。

李美英：除了学习,课外活动也挺丰富的。我们不仅访问了中国人的家庭,游览了名胜,还学习了中国的武术、太极拳什么的。

王　文：收获的确不少,美中不足的是时间太短了,只能走马观花地看一下。

玛　丽：尽管这样,还是看到了中国的巨大变化,跟临来前的想象大不一样。

李美英：百闻不如一见嘛！

李　丽：总之,你们几周来的收获值得祝贺。来,我提议,为我们的友谊干杯！

众　人：干杯！
李　丽：为你们取得的成绩和进步，
玛　丽：为各位的健康，
李美英：为美好的未来，
众　人：干杯！

生词 New words

1.	入座	rù zuò	take one's seat
2.	便宴	biànyàn	informal dinner
3.	送行	sòngxíng	see sb. off
4.	结业	jié yè	finish one's studies
5.	典礼	diǎnlǐ	celebration
6.	丰盛	fēngshèng	sumptuous
7.	激动	jīdòng	excite
8.	深	shēn	deep
9.	印象	yìnxiàng	impression
10.	紧张	jǐnzhāng	nervous
11.	值得	zhídé	be worth
12.	周到	zhōudào	thoughtful; considerate
13.	的确	díquè	indeed
14.	美中不足	měizhōng-bùzú	flaw in something which might otherwise be perfect

第十一课　　送　别
Lesson 11　　See sb. off

15. 走马观花	zǒumǎ-guānhuā	look at flowers while riding on horseback—gain a superficial understanding through cursory observation
16. 巨大	jùdà	tremendous
17. 临	lín	just before; on the point of
18. 想象	xiǎngxiàng	to imagine
19. 未来	wèilái	future

注释 Notes

一、语言要点 （Grammar points）

1. "看你说到哪儿去了"

表示客气的话。告诉对方不必太客气。如：

(1) 甲：你给了我很多帮助，太感谢你了！

乙：看你说到哪儿去了，这没什么。

(2) 甲：我有病的时候，给你添了很多麻烦。

乙：看你说到哪儿去了，我是你的朋友，应该帮助你嘛。

(3) 甲：来这儿一个月，你帮了我很多忙，真是太感谢了。

乙：看你说到哪儿去了，咱们是好朋友嘛。

2. "美中不足"

表示大体很好，但还有不好的地方。如：

(1) 甲：你的留学生活怎么样？

乙：我很满意，美中不足的是时间太短了。

(2)甲:你觉得这本书怎么样?

乙:这本书很不错,内容很有意思,美中不足的是字小了一点儿,看起来不太方便。

(3)甲:小王的女朋友怎么样?

乙:他的女朋友又聪明又漂亮,性格也不错,美中不足的是个子矮了一点儿。

3. "走马观花"

成语,意思是骑着马去看花儿,比喻很粗略地观察事物。如:

(1)甲:你们这次旅行怎么样?

乙:很愉快。

甲:都去了哪些地方呀?

乙:北京和西安。

甲:北京和西安的名胜古迹很多。

乙:是啊。不过时间太短了,只能走马观花地看一下。

(2)甲:这次去上海玩儿得不错吧?

乙:哪儿啊,我就住了两天,只走马观花地看了看。

(3)没时间了,走马观花地看看吧。

4. "尽管……,还是……"

"尽管"和"虽然"意思相同。后一分句常用"但是、可是、然而、还是、仍然、却"等。如:

(1)这个句子尽管老师讲了两遍,我还是不明白。

(2)尽管天气很热,大家还是每天上课。

(3)甲:你不是已经去过北京了吗?怎么还去呢?

乙:尽管去过一次,但是我想再去看看。

第十一课　　送　别
Lesson 11　　See sb. off

5. "临"

意思是将要、临近。用在动词前。如：

(1) 临来中国前，我去老师家告别。

(2) 我每天临睡觉前洗澡。

(3) 甲：你什么时候回国？

　　乙：还没决定，大概八月中旬。

　　甲：你临回国时，一定告诉我，我来送你。

　　乙：一定告诉你，谢谢！

6. "总之"

也可说"总而言之"，用于对上文列举的并列成分加以概括总结。如：

(1) 我们这一个月学习了汉语，参观了名胜古迹，还交了中国朋友，总之，收获很大。

(2) 这个学校环境优美，老师亲切认真，宿舍干净宽敞，总之，我们很满意。

(3) 中国菜有川菜、鲁菜、粤菜等等，总之，每种味道都各不相同。

7. "我提议"

用于说话人说出自己的意见或建议。如：

(1) 甲：学习结束后我们去哪儿旅行？

　　乙：我提议去北京。

　　丙：我提议去上海。

(2) 甲：大家举起杯，我提议，为老师们的健康干杯！

　　众：干杯！

(3) 甲：我提议下课后去公园玩儿玩儿。

　　乙：我同意。

　　丙：我有事儿，不能去。

8. "为……干杯"

常用于宴请,喝酒时表达祝愿。如:

(1)为你们的幸福干杯!

(2)为大家的进步干杯!

(3)为你的成功干杯!

(4)为比赛的胜利干杯!

二、相似说法 (The similar expressions)

1. 真不知说什么才好。

真不知怎么说才好。

2. 看你说到哪儿去了。

(1)看你说的。

(2)看你客气的。

(3)你太客气了。

(4)你说远了。

(5)你太见外了。

3. 客气什么呀!

(1)不必客气嘛!

(2)不用客气!

(3)别客气!

(4)何必客气!

4. 除了学习,课外活动也挺丰富的。

(1)除了学习以外,课外活动也挺丰富的。

(2)除了学习,课外活动也挺丰富。

(3)学习以外,课外活动也挺丰富。

第十一课　送　别
Lesson 11　See sb. off

5. 美中不足的是时间太短了。

　　(1) 不足的是时间太短了。

　　(2) 可惜的是时间太短了。

　　(3) 遗憾的是时间太短了。

口语练习 Speaking exercises

一、用正确的语调朗读下面的句子

　　(Read the following sentences in correct intonation loudly)

1. 我们不是已经成了朋友了吗？客气什么呀！

2. 除了学习，课外活动也挺丰富的。

3. 收获的确不少，美中不足的是时间太短了。

4. 百闻不如一见嘛！

5. 为我们的友谊干杯！

二、替换练习　(Substitution drills)

1. 美中不足的是<u>时间太短了</u>。

|天气有点儿热|
|安排太紧了|
|吃的不习惯|
|活动少了点儿|

2. 尽管这样，还是看到了中国的巨大变化。

```
作业多        认真做完了
不舒服        去上课了
有点儿贵      买了
听不太懂      明白了一点儿
```

3. 我提议，为我们的友谊干杯！

```
各位的幸福
你们的成功
大家的健康
我们取得的好成绩
```

三、回答问题 （Answer the following questions）

1. 你在这儿的生活怎么样？
2. 你觉得中国的饭菜怎么样？
3. 你回国后打算干什么？
4. 你还打算来中国吗？为什么？
5. 回国后你想向你的家人和朋友介绍什么？
6. 你们国家为客人送行有什么习惯？

四、用所给的词语完成对话

（Complete the following dialogues with the given words）

1. 男：你有什么不满意的地方吗？
   女：＿＿＿＿＿＿＿＿＿＿＿＿＿＿＿＿＿。（美中不足）

2. 男：你觉得留学的收获多吗？
   女：＿＿＿＿＿＿＿＿＿＿＿＿＿＿＿＿＿。（总之）

第十一课　送　别
Lesson 11　See sb. off

3. 男：学习结束后，你打算去哪儿旅行？
   女：_____。（值得）

4. 男：你这件衣服真漂亮，是在哪儿买的？
   女：_____。（临）

5. 男：_____。（联系）
   女：我加上你的微信，再留下你的电话、住址。

6. 男：这次学习的时间太短了。
   女：_____。（尽管……还是……）

五、整理句子　(Put the following sentences in order)

1. ① 临回国前，我得上街买礼物
   ② 总之，还有很多事情要做
   ③ 还要同老师、朋友告别
   _____

2. ① 美中不足的是吃的还不太习惯
   ② 老师很热情，讲课的方法也很好
   ③ 这里环境安静优美，宿舍干净宽敞
   _____

3. ① 一连几天气温都在二十八度以上
   ② 还是觉得闷热，不舒服
   ③ 尽管昨天下了场大雨，降了点儿温
   _____

听力练习 Listening exercises

一、听录音,选择正确答案 (Listen and choose the right answers)

(一)

1. 安妮怎么告诉田中地址?
   A. 打电话　　　　B. 发微信　　　　C. 写信

2. 田中为什么没有留下地址和电话?
   A. 要搬家　　　　B. 要回国　　　　C. 要发微信

(二)

1. 女的说"随便点"是什么意思?
   A. 想吃什么点什么　B. 放松一点儿　　C. 帮你点

2. 谁不会点菜?
   A. 男的　　　　　B. 女的　　　　　C. 有的中国人

(三)

1. 下面哪项不是点菜时应考虑的?
   A. 季节　　　　　B. 男女老少　　　C. 饭店大小

2. 点菜的顺序是什么?
   A. 先热菜后凉菜　B. 先凉菜后热菜　C. 先甜菜后主菜

二、听录音,选择正确的句子 (Listen and choose the right sentences)

1. A. 我不知道你说什么。(　)
   B. 你不要客气,我应该这样做。(　)

第十一课 送别
Lesson 11 See sb. off

2. A. 虽然老师又讲了两遍,我也不明白。(　)
   B. 因为老师讲了两遍,所以我不明白。(　)

3. A. 别难过,以后还有时间的。(　)
   B. 别难过,我们还有见面的机会。(　)

4. A. 花很多钱买词典有意义、有价值。(　)
   B. 一本词典用一百元钱太贵了。(　)

5. A. 大卫对这次旅游比较满意。(　)
   B. 大卫对这次旅游不太满意。(　)

三、听录音,判断正误
   (**True or false based on the following statements you heard**)
   1. "留学生"这个词是日本学生在造句中出现的。(　　)
   2. 留在中国学习唐朝文化的学生叫做"留学生"。(　　)
   3. 中国在唐朝时派了一些人去日本学习经济、文化。(　　)

四、听录音,选择正确答案　(**Listen and choose the right answers**)
   1. 女的是什么口气?
      A. 高兴　　　B. 不满意　　　C. 很气愤

   2. 女的是什么意思?
      A. 不必客气　B. 不明白　　　C. 生气了

   3. 女的这几天心情怎样?
      A. 激动　　　B. 担心　　　　C. 难过

   4. 女的是什么口气?
      A. 怀疑　　　B. 吃惊　　　　C. 反对

5. 女的是什么意思？
   A. 厌烦　　　　B. 吃惊　　　　C. 询问

6. 女的是什么心情？
   A. 激动　　　　B. 担心　　　　C. 难过

五、听录音，回答问题　（Listen and answer the following questions）

1. 他们几点到的机场？
2. 他俩动身挺早，为什么男的还急了一头汗？
3. 女的护照放在哪儿了？

六、听录音，填空　（Listen and fill in the blanks）

　　我已经_____了这里的生活。我能用汉语写_____了。我发微信_____父母不要为我_____。我们同学之间_____帮助，_____友好。中国的_____很多，历史_____。学习结束后，我要去旅行。我将带着更多的_____回国。_____的是一个月的时间_____太短了。

补充生词
（Supplementary new words）

1. 保重　　　　bǎozhòng　　　　take care of oneself
2. 生活　　　　shēnghuó　　　　life
3. 飞快　　　　fēikuài　　　　very fast
4. 鲁菜　　　　lǔcài　　　　Shandong cuisine
5. 粤菜　　　　yuècài　　　　Guangdong dishes
6. 气愤　　　　qìfèn　　　　indignant
7. 马大哈　　　mǎdàhā　　　careless person

第十一课　送　别
Lesson 11　　See sb. off

中国文化点滴

(Chinese culture snack)

　　中国人热情好客,珍惜友情。每逢客人到来,特别是远方的来客,要为其设宴接风;临别时赠送纪念品,留下赠言和联系方法,并常常亲自送客人到机场、车站,以表达友好的情谊和美好的祝愿。自古以来,留下许多表达真挚友谊的名言、俗语和诗句,如:"有朋自远方来,不亦乐乎?""持家要俭,待客要丰。""桃花潭水深千尺,不及汪伦送我情。"

听力录音文本

Recording script

第一课　理　发

课 文(一)

一、听录音,选择正确答案

　　1.男:请进！要理发吗？
　　　女:是啊！
　　2.男:请先洗一下头。
　　　女:我才洗过,不用洗了吧？
　　3.男:您是剪发还是做头发？
　　　女:我想剪发。

二、听录音,判断正误

　　昨天下午我第一次去中国的美发厅。理发师先给我洗了洗头,然后给我剪了头。一共花了三十八元钱。我很满意。

三、听录音,找出你听到的词语

　　1.请进！要理发吗？
　　2.要剪发还是做头发？
　　3.您看这样行吗？

四、听录音,选择正确答案

　　男:请进！要理发吗？
　　女:对！

男:要剪发还是做头发?

女:少剪一点儿。

男:好的。

五、听录音,填空

1. 欢迎光临!你想要理发吗?
2. 你想要剪发还是做头发?
3. 您看这样行不行?

六、听录音,整理句子

我们学校旁边的理发店很干净,理发师也不错,价钱也不贵,所以人很多。

课文(二)

一、听录音,选择正确答案

1. 女:多少钱?

   男:剪发 38 元,盘发 50 元,一共 88 元,这是找您的 12 元。

2. 男:稍剪一下,再做个发型。

   女:好的。

3. 男:您看怎么样?满意不满意?

   女:挺好!谢谢。

二、听录音,判断正误

今天晚上我们班有个晚会。下课后我到理发店做头发。理发师先让我洗一下头,然后问我怎么做。我让理发师剪短点儿,再盘个简单的式样。做好后,我挺满意的。晚上一定会让同学们大吃一惊。

三、听录音,找出你听到的词语

1. 请进!要做头发吗?
2. 稍剪一点儿就行了。
3. 您要做什么样的?染发、烫发还是盘发?
4. 男:您看怎么样?还满意吧?

   女:挺好!谢谢。

四、听录音,选择正确答案

　　1.男:您看怎么样?

　　　女:我觉得不错,一共多少钱?

　　　男:剪发68块,盘发便宜点儿,45块,染发70块,一共183块,3块钱不要了。

　　2.男:您要烫发还是盘发?

　　　女:做个简单的盘发吧。

五、听录音,填空

　　1.您先洗一下头。

　　2.我想先剪一下,再盘发。

　　3.烫发还是盘发?

　　4.您看这样可以吗?

六、听录音,整理句子

　　　同屋告诉我校门口新开了一家美发厅,挺不错的,价钱也不算太贵。下午没课,所以我就去了。人很多,我等了半个多钟头,先剪短了点儿,又盘了一下。我挺满意的。

课文(三)

一、听录音,选择正确答案

　　1.女:我觉得颜色浅了点儿,你说呢?

　　　男:我看还行,挺好的。

　　2.男:这个颜色挺适合您的。

　　　女:真的吗?

　　3.女:我不喜欢红色,还是我原来的黄色吧。

　　　男:好的。

二、听录音，判断正误

圣诞节到了，我要参加一个晚会，所以，今天我去美发厅做头发了。一进门，理发师先给我洗了头，然后修剪了一下。他问我要做什么样的，我告诉他先把头发染成黄色，再盘一下。做好后，我觉得镜子里的我挺漂亮的。

三、听录音，填空

1. 我要染个黄色的头发，她是陪我来的。
2. 我来之前已经洗过头了，还用洗吗？
3. 酒红色怎么样？今年挺流行的。
4. 我觉得有点儿浅了。
5. 请慢走！欢迎您再来。

四、听录音，选择正确答案

男：您先到那边洗一下头。
女：我来之前刚洗完。
男：那就不用洗了。您要什么颜色的？酒红的怎么样？
女：还是黄色的吧，我不喜欢红色的。

五、听录音，填空

1. 酒红色的怎么样？看着年轻，今年挺流行的。
2. 我来之前已经洗过头了。
3. 这颜色我觉得不浅，正合适。
4. 这个颜色挺适合您的。

六、听录音，整理句子

昨天我去理发，我告诉理发师稍微剪一下，再洗洗，吹一下风。理发师问是不是照原样理。我说上面长一点儿，两边剪短点儿，洗完吹干就行。理发师告诉我现在年轻人流行染头发，剪短发，但我对那些不感兴趣。

第二课　买手机卡　打电话

课 文（一）

一、听课文录音,回答问题

二、听录音,选择正确答案

　　1.手机卡一插,手机就可以打电话了。

　　2.这儿有打电话便宜的卡,也有上网便宜的卡。

　　3.往国外打电话用微信。

　　4.明天是月初,开始扣钱。

三、听录音,回答问题

　　男:上网多少钱?

　　女:房间里有免费的Wi-Fi。

　　男:打电话呢?

　　女:每分钟五毛钱。

　　男:能往国外打吗?

　　女:不行。往国外打,您可以用微信呀。

四、听录音,判断正误

　　玛丽问一个中国人在哪儿买手机卡,那个人说买手机卡可以去移动公司,要带上护照。玛丽很感谢他,又问他买了手机卡是不是就可以打电话了。那个中国人说:"对,是的。"玛丽很高兴。

五、听录音,填空

　　玛丽一来到中国就想给爸爸妈妈发微信、打电话,可是她还没有中国的手机卡。下课后她就去买了一个手机卡,现在可以上网,也可以打电话了。

六、听录音,选择意思相近的说法

　　1.这是手机卡吗?

　　2.往国外打电话用哪种卡?

课文(二)

一、听课文录音,回答问题

二、听录音,选择正确答案
  1. 我是大卫,请问,玛丽在不在?
  2. 我的手机号码是 1384858862。
  3. 我差点儿忘了给小王打电话。
  4. 我叫玛丽给她报名了。

三、听录音,回答问题
  男：   喂,你好。是李建家吗?
  李妈妈：你好,这是李建家。我是他妈妈。
  男：   李妈妈您好,我是小李的朋友大卫。小李在家吗?
  李妈妈：他不在,他去看球赛了。你有事我可以转告他。
  男：   李妈妈,请您转告他,今天我们俩下午的互相学习时间换到晚上六点。如果不行的话,让他给我打电话。
  李妈妈：好的。
  男：   李妈妈再见。
  李妈妈：大卫再见。

四、听录音,判断正误
    大卫给中国朋友小王打手机,但是小王的手机关机了。他又把电话打到小王宿舍,可小王也不在宿舍,她上街买东西去了。她的同屋小李接了电话。大卫托小李转告小王,他买了两张电影票,请小王明天下午五点半到学校电影院门口等他。

五、听录音,填空
    星期天中午十二点,大卫在宿舍里给李建打电话。小李不在家,去看足球比赛了,李妈妈接的电话。大卫托李妈妈转告小李,原计划下午两人的互相学习换到晚上六点,如果小李有事,就给他打电话。

六、听录音，选择意思相近的说法

1. 她妈妈托我告诉你一件事。
2. 他忙得连饭都顾不上吃了。

课文（三）

一、听课文录音，回答问题

二、听录音，选择正确答案

1. 这种手机卡可以打国内长途，国际长途不行。
2. 打国内电话一分钟一毛二，打国际长途一分钟五毛钱。
3. 你的钱被小偷儿偷了。
4. 钱丢就丢吧，护照丢了就糟了。

三、听录音，回答问题

女：我寄快递。请问书怎么寄？
男：把书拿来我看一下。您可以用手机下单，或者填这个单子，写上地址、电话和收件人的姓名。
女：你看，写好了。
男：来，称一下。啊，你这是寄到美国的。国际快递，首重一百五十块，一公斤六十块。
女：好的。
男：一共一百八十块。
女：几天能到美国？
男：大概七八天吧。

四、听录音，判断正误

圣诞节快到了，玛丽要寄快递。她先给朋友寄了几张圣诞卡，又给妈妈寄了一件漂亮的衣服。她还用微信告诉妈妈，圣诞礼物已经寄出，让妈妈收到礼物后给她回微信。

五、听录音,填空

安妮买了几本汉语书,要寄给在英国的朋友。她先发微信向朋友要来地址,然后用手机下单。一会儿,快递员就到了,告诉她,发快递一定要写清楚朋友的地址、电话和姓名。快递员还说,国际快递比较贵,但是寄得很快,到英国四天就行了。

六、听录音,选择相似的说法

1. 钱丢就丢吧。

2. 我的钱被小偷儿偷了。

第三课　看　病

课　文（一）

一、听录音,找出你听到的词语

1. 田中感冒了,没来上课。

2. 请你先去挂号。

3. 外科在一楼。

二、听录音,回答问题

大卫坐车时看到了山姆。山姆要去医院,因为他有点儿发烧。

三、听录音,判断正误

（诊室）

大卫:我烧得很厉害,一天没睡觉。

大夫:量一下体温。

大卫:39.8度。

大夫:体温太高了,要马上住院,查查是什么病。

四、听录音,选择正确答案

男:大夫,我肚子痛,一天拉了好几次。
女:你得了肠炎,吃点儿药吧。
男:什么药好?
女:吃点儿中药吧,还要多喝水。

五、听录音,填空

女:大夫,多长时间我才能好啊?
男:别着急,一个星期后就好了。
女:我可以自己走路吗?
男:没问题。

六、听录音,整理句子

大卫肚子疼,山姆陪他去医院。大夫问了他的情况,给他开了一些药。

课文(二)

一、听录音,找出你听到的词语

1. 不用打针吧?我怕打针。
2. 不要紧,打一针,再吃点儿药就好了。
3. 请多开点儿药,中药最好。
4. 我昨天早晨开始腰疼。

二、听录音,回答问题

大卫来到山姆的宿舍,见山姆的脸色很难看,就问他是不是病了。山姆说,这几天一直发烧,但体温不高,总是37度,另外还有点儿咳嗽。大卫告诉山姆,最近有一种流行病很厉害,吃药也不一定能好,所以建议山姆去医院检查一下。最后大卫陪山姆一起去了医院。

三、听录音，判断正误

大卫：玛丽，你去哪儿？

玛丽：我去看小王，他住院了。

大卫：他得了什么病？

玛丽：急性肠炎。

大卫：是不是吃了不干净的食物？

玛丽：大夫说很可能是。

四、听录音，选择正确答案

女：这几天我总是头晕，特别不舒服。

男：大夫怎么说？

女：大夫说是太累了。

男：是不是最近学习太紧张？

女：可能是吧。

男：大夫给你开了什么药？

女：没开药，大夫让我多休息，注意锻炼身体。

五、听录音，填空

（在医院）

男：你怎么了？

女：我得了痢疾，大夫让我打几天吊瓶，你呢？

男：我陪一个朋友来看病。因为查不出原因，大夫让他住院观察。

女：是住这个医院吗？

男：是，听说最近流行一种痢疾，很厉害，你可一定要小心，有事多问问大夫。

女：谢谢。

六、听录音，整理句子

快上课了，田中走到老师面前，告诉老师安妮病了，不能来上课。下课后，老师来到安妮的房间看望她。安妮得了流行性感冒，咳嗽、发烧。老师建议她去医院看看。

七、听录音,复述内容

女₁:田中,你怎么了?

男:我肚子疼。

女₁:疼得厉害吗?

男:挺厉害。

女₁:我陪你去医院吧。

男:好吧,谢谢你了。

(在医院)

女₂:哪儿不舒服?

男:肚子疼。

女₂:先去化验。再回来。

男:我得的是什么病?

女₂:肠炎。需要住院治疗。

男:有那么严重吗?

女₂:不住院也可以,但必须天天打针。

男:好吧,用不用吃药?

女₂:我会给你开一些药的。

课文(三)

一、听录音,找出你听到的词语

1. 他的心脏病是不是很严重?

2. 大夫,她这种情况,住院治疗更好吧?

3. 我家里有位重病人,需要救护车。

二、听录音,回答问题

(在医院)

女:你哪儿不舒服?

男:我咳嗽,发烧。

女:烧多少度?

男:37度多。

女:多少天了?

男:已经一个星期了,吃了药也不好。

女:我听一下……深呼吸。

男:怎么样?

女:肺部有问题,你去拍一下片子吧。拍完后,把片子拿来。

(去X光室检查后)

女:(看片子后)轻度肺炎,你应该早点儿来医院检查。

男:我以为不发高烧就没关系,所以没来医院。

女:打几天吊瓶,阿奇霉素过敏吗?

男:不过敏。

女:先做一下皮试,然后取药。

三、听录音,判断正误

1. 大卫发烧,在量体温。

2. 大夫给大卫开了药。

3. 大夫在给大卫打针。

4. 山姆肚子疼,告诉老师不能上课了。

5. 大夫给大卫做X光检查。

6. 大夫建议大卫住院。

7. 在骨科医院,山姆遇见一个同学。

8. 手术后,大夫建议大卫不要多活动。

9. 大卫去看望手术后的小王。

10. 同学们叫来了救护车。

四、听录音,选择正确答案

女:大夫,我办理住院手续。

男:把住院通知单给我。

女:还需要什么?

男:交住院押金5000元,然后领病号服。

女：在哪儿交款？

男：就在这儿交。

五、听录音，填空

男：好久不见了，你去哪儿了？

女：我住院了。

男：是吗？我还不知道呢，什么时候住的？

女：一个月前，昨天刚刚出院。

男：什么病？

女：肝炎。

男：听说肝炎传染，你是不是接触了肝炎病人？

女：不知道，可能是在外边吃饭时被传染的吧。

男：现在看你气色不错，已经完全康复了？

女：是啊，全好了。

六、听录音，整理句子

一位老人被车撞倒了，昏迷不醒。大卫见到后，帮助司机把他送到了医院。经过几个小时的手术治疗，老人终于脱离了危险。大卫又帮助老人找来了他的女儿，然后才放心地离开。

七、听录音，复述内容

女：田中，我病了，不能去上课了。你帮我请个假吧。

男：你怎么了？

女：老毛病，胃疼，我得去医院开点儿药。

男：好吧，等下课了，我去看你。

女：谢谢你。

男：对了，我知道人民医院有位专家对治疗胃病很有研究。

女：是吗？那位专家姓什么？今天在不在？

男：他姓王，星期一到星期五每天上午都在。很多人都在他那儿治好了。

女：好，我一会儿就去人民医院。

第四课　汉语学习

课 文(一)

一、听录音,找出你听到的词语

　　1. 学生们在上听力课。

　　2. 听力比阅读难。

　　3. 我在中级二班学习。

二、听录音,回答问题

　　教室里,同学们在上课,大卫问老师黄河长还是长江长,老师告诉他长江比黄河长。

三、听录音,判断正误

　　大卫:山姆,你在哪个班学习?

　　山姆:初级二班。大卫,你呢?

　　大卫:我在中级四班。

　　山姆:你们都上什么课?

　　大卫:我们有语法课、口语课和听力课。

四、听录音,选择正确答案

　　男:你们什么时候考试?

　　女:明天,你们呢?

　　男:我们也是。

　　女:你准备好了吗?

　　男:没准备好,晚上我准备准备。

　　女:我也要准备一下。

五、听录音,填空

　　女:你们什么时候考试?

　　男:明天考听力,后天考口语。

女：我们也是。

男：考完试我们去看电影吧。

女：对不起，考完试我要去一个朋友家。

男：什么时候有时间？

女：过几天吧。等我有时间一定和你去看。

六、听录音，整理句子

大卫来中国才三个月，汉语进步非常快，已经能和中国人对话了。他觉得学汉语最重要的是多说多练。

七、听录音，复述内容

（在路上）

男：回来多久了？

女：一个星期了。

男：这次去中国学了多长时间汉语？

女：一年。

男：汉语好学吗？

女：汉语不太难。

课文（二）

一、听录音，找出你听到的词语

1. 请你帮我找一个辅导老师。

2. 马克汉语学得好，请他给我们介绍一下学习经验。

3. 老师，zh、ch 我总发不好，您能教我一下吗？

二、听录音，回答问题

（在教室）

老　师：这学期课外活动小组从今天开始报名。

学生甲：老师，都有哪些内容？

老　师：中国武术、中国画、二胡，还有中国菜。

学生乙：可以同时参加两项吗？

老　师：可以，有参加的同学请下课后告诉我一下。

三、听录音，判断正误

山姆：大卫，这么高兴，有什么喜事？

大卫：老师说，明天领我们去看京剧。

山姆：太棒了，我看过京剧，很好看。

大卫：那你也跟我们一起去看吧。

山姆：不行，我跟辅导老师约好了，明天下午两点辅导。

大卫：你打个电话，改天再辅导吧。

山姆：好吧。（打电话）喂，王文吗？我是山姆，明天下午的辅导课改在后天星期三可以吗？

王文：星期三下午我已经约好了人，对不起。

山姆：好吧，那明天辅导吧。

四、听录音，选择正确答案

男：回来这么早？

女：今天考试，我答得快，答完就回来了。

男：看来你答得不错。

女：还可以，不过，最后的作文我觉得写得不太好。

男：题目是什么？

女：《难忘的一件事》。

男：你写的是什么内容？

女：我写的是一次旅游的经历。

男：是去黄山那次吗？

女：对，就是那次。

五、听录音，填空

大卫：山姆，汉语考试的成绩出来了，你考得怎么样？

山姆：我过了五级，你呢？

大卫:我过了四级,应该向你学习。

山姆:哪里,你才学了半年就过了四级,我应该向你学习才对。

大卫:你觉得准备汉语考试有没有好方法?

山姆:有。

大卫:能不能给我介绍介绍?

山姆:我想应该多做一些练习,熟悉各种题型,注意每种题型的不同。

大卫:你找辅导了吗?

山姆:找了,但主要是我自己练习。

六、听录音,整理句子

我在汉语学院学习汉语,我想学习两个月,主要是为了提高听说能力。我们一天上四节课,两节会话课,两节听力课。会话课的书是新出版的。我觉得在这儿学习要比在国内收获大。

课文(三)

一、听录音,找出你听到的词语

1. 田中刚从中国留学归来,他的汉语棒极了。

2. 我和我的辅导老师约好了,下午3:00开始讨论这个题目。

3. 我们班常常组织课外活动,同学们都积极参加。

二、听录音,回答问题

(在宿舍)

玛丽:山姆,课外学习小组开始报名了。

山姆:我们班今天也报名了。

玛丽:你参加了哪个?

山姆:我参加了中国武术和二胡。我很喜欢中国武术,既可以防身,又可以健体。另外,二胡是传统的中国乐器,我也非常喜欢。玛丽,你参加了几项?

玛丽:参加两项可以吗?

山姆：老师说可以。

玛丽：哎呀，我只报了一项，中国画。我以为只能报一项。

山姆：没关系，明天你可以再选一项。

玛丽：我还想学习做中国菜。中国菜颜色好看，味道各异，做起来一定有意思。

三、听录音，判断正误

1. 同学们在上听力课。
2. 老师请同学们读课文。
3. 大卫在上二胡课。
4. 老师在教学生做中国菜。
5. 大卫告诉老师他要参加武术小组。
6. 大卫向老师请假，明天的听力课他不能上了。
7. 大卫和山姆请老师领他们去看京剧。
8. 大卫请王文帮他找个辅导老师。

四、听录音，选择正确答案

男：你今天上哪儿了？中午没看见你。

女：我们班搞课外活动，去郊游了。

男：你们班去哪儿郊游了？

女：去香山公园了。

男：那儿环境怎么样？

女：绿草地，小树林，环境优美极了。

男：可以野餐吗？

女：可以，但不能烧烤。公园有规定。

男：我真想去看看。

女：你可以建议老师也带你们去。

男：对，明天我去跟老师说。

五、听录音，填空

大卫：玛丽，我来这儿已经一年了，怎么听当地人说话还是听不懂？

玛丽:我也很吃力,因为我们学的是普通话,而他们很多人说的是方言,即使说普通话,也夹杂一些地方口音。

大卫:怪不得,那怎么办呢?

玛丽:最主要的还是学普通话,因为大多数人都能听懂。如果对方说话太快,你可以提醒他,请他慢点儿说。

大卫:但有的人说话即使很慢,我也还是听不懂。

玛丽:别着急,你来的时间短,时间长了,你就会慢慢儿习惯了。

大卫:汉语太难了。

玛丽:学任何一种语言都有它的难处,只要努力,你一定能学好。

六、听录音,整理句子

这次考试考得不太好。我的会话考得不太理想,平时说得挺不错,可一到考试,让我对着老师,我就心慌,结结巴巴地说不出来;听力也不好,虽然能听懂,可要是把听到的写下来就难了。

七、听录音,复述内容

田中:安妮,你最近还经常锻炼身体吗?

安妮:是啊,学习太紧张了,如果再不锻炼锻炼,身体真是受不了。

田中:学习很紧张吗? 我倒觉得挺轻松的。

安妮:是吗? 我都累死了。每天上课、复习、预习,还有辅导。上课的内容有的我还不明白,再加上辅导的内容,真让我吃不消。田中,你是怎么学习的?

田中:我也有辅导,但是内容主要是跟课文有关的,了解一下中国的风俗、文化。

安妮:那么多生词怎么办?

田中:不要着急,多用就记住了。

第五课　唱中国歌　听中国音乐

课 文（一）

一、听录音，找出你听到的词语

1. 大卫在听中国歌曲。
2. 我喜欢唱流行歌曲。
3. 他对流行音乐不感兴趣。
4. 请辅导教咱们唱歌吧。

二、听录音，回答问题

男：这首歌真好听，我听了三遍。
女：什么歌？谁唱的？哪国的？
男：中国的，一首爱情歌，是一个青年歌星唱的。

三、听录音，判断正误

　　我很喜欢音乐。我觉得中国音乐很好听。我每天晚上都要听中国音乐。我还会唱一首中国歌。

四、听录音，选择正确答案

男：明天晚上你有空儿吗？
女：有空儿。有什么事？
男：我有两张音乐会的票，你去不去看？
女：几点开始？
男：八点开始。
女：是什么音乐？
男：是中国民族音乐。
女：好，七点一刻我在校门口等你。

五、听录音，填空

　　我很喜欢音乐，中国的、日本的我都喜欢。晚上我常常听音乐。我还会唱三首中国歌呢。

六、听录音,整理句子

今天老师教我们唱了一首中国歌,是西北民歌,调儿很好听。我们大家都很喜欢。

课文(二)

一、听录音,找出你听到的词语

1. 我对流行音乐很感兴趣。
2. 昨天晚上我去看了一场演唱会。
3. 这是近年来最流行的一首爱情歌曲。
4. 我听的歌是一位有名的歌星唱的。

二、听录音,回答问题

男:新年晚会你们班准备了什么节目?
女:小合唱,中国歌《远方的朋友请你留下来》。你们班呢?
男:我们班是安妮和田中的二胡合奏。
女:他俩会拉二胡?我怎么没听说过呀?
男:他俩都拉了快一年了,可用功了,每天都练一两个小时。
女:是吗?那我得好好儿看看他们的精彩表演。

三、听录音,判断正误

我是留学生,来中国一年多了。我最喜欢听音乐,经常听中国音乐,也听外国音乐。我喜欢一边看书一边听音乐。最近我还和中国朋友学会了几首流行歌曲。我准备在晚会上给大家表演表演。

四、听录音,选择正确答案

女:这么用功,又在听课文录音了?
男:哪儿呀,我在听音乐,前几天刚用手机下载了一些音乐。
女:哪国的音乐?
男:中国影视金曲。都是这几年电影电视里演唱过的抒情歌。挺不错的。

女:听完了发给我也听听。对了,前几天我下载了一些中国民族音乐,很有特色,你听听吧。

男:好,发给我吧,一会儿我听完了就听你的。

五、听录音,填空

我们班安妮的嗓子真棒,唱起歌来非常动听。听说她以前学过唱歌,最近又和中国朋友学了几首中国少数民族的歌,打算在新年晚会上演唱。

六、听录音,整理句子

昨晚的演唱会七点半才开演。我和大卫七点一刻就到剧场了,可剧场里人基本已经满了。演唱的几个歌星都是现在中国最红的,演唱会棒极了。

课文(三)

一、听录音,找出你听到的词语

1. 我妈妈比我更爱听古典音乐。
2. 小提琴协奏曲《梁祝》描写了一对情人的爱情故事。
3. 我今天收获真大,学了很多关于中国民族音乐的知识。

二、听录音,回答问题

女:快回国了,我想学几首中国歌。

男:想学哪个方面的?民族歌曲还是流行歌曲?

女:都想学。民族歌曲学一首简单点儿的,有代表性的;流行歌当然要一首现在中国最流行的。

男:学民歌你请王老师教你,她唱歌唱得可好了;学流行歌你得请你的辅导了,他最清楚现在流行什么。

三、听录音,判断正误

昨天晚上我去听了一场民族音乐会,是由中国民族乐团演奏的,整整演出了两个小时,非常精彩。优美的音乐真使人陶醉。以前我听过用西洋乐器演奏的民族音乐,这次是第一次听用民族乐器演奏,真是终生难忘。

四、听录音,选择正确答案

男:昨天音乐会的二胡独奏曲《二泉映月》真好听,曲调悲伤凄凉,让人回味无穷。

女:那是一首非常著名的二胡曲,曲子的改编者是个盲人,20世纪40年代在无锡的街头常拉这首曲子。我奶奶说她小时候就听过。

男:真的?我很喜欢这首曲子,从哪儿能找到这曲子呢?

女:用手机下载一下就行了。

男:说得对,我马上就下载。

五、听录音,填空

今晚我在电视上看了一场歌舞晚会,很精彩。节目有合唱、独唱、独奏、舞蹈什么的,有个独唱最受欢迎。听说他是现在最红的歌星,不论年轻人还是老年人都喜欢他。他唱了三四首歌了,可大家还是鼓掌欢迎他再唱。我最喜欢那个民族舞,那两个男女演员跳得真不错。

六、听录音,整理句子

老师告诉我们中秋晚会的节目特别精彩。一班的安妮独唱中国歌。二班的大卫表演二胡独奏。他拉二胡已经一年了,他们班同学都说他拉得不错。三班的两个美国同学要跳现代舞,听说他们在国内上学时就表演过。这次老师也要表演节目。我想我们一定会大饱眼福。

第六课　过周末

课 文(一)

一、听录音,找出你听到的词语

1.我们星期天不上课。

2.我这个周末很忙。

3.我最喜欢过周末了。

二、听录音，回答问题

现在有了电视，有了微信，周末可以在家看电影、玩儿微信，和朋友联系什么的。

三、听录音，判断正误

男：明天周末，我请客，你喜欢跳舞还是打球？
女：我看去吃肯德基吧。
男：那还不如吃中国快餐，又便宜又好吃。
女：太油腻了。
男：那我们去吃冰激凌吧！
女：好。

四、听录音，选择正确答案

女：田中，你假期有什么打算？
男：我打算去旅行，先去北京，在那儿玩儿几天，再去山西看几个朋友，最后去云南，那里很美。
女：我在日本也听说过。

五、听录音，填空

马克：大卫，星期六你干什么去了？
大卫：我跟女朋友逛街去了。
马克：几天不见，有女朋友啦！
大卫：对。听说你早就有女朋友了。
马克：是啊，我们下个月结婚。你一定要来呀！
大卫：好的，我和女朋友一起去。

六、听录音，整理句子

男：好久不见了，最近还好吗？
女：还行。你怎么样？
男：凑合吧。明天是周末，我们聚一聚吧！

女：好啊！我也正想休息一下呢。十点我去你家找你。

男：好！

七、听录音，复述内容

今天星期六，小王休息。她想先去买点儿东西，然后和丈夫、孩子一起去看爸爸妈妈。她两个星期没回家了。

课文（二）

一、听录音，找出你听到的词语

1. 我刚收到你的 E-mail。
2. 你今天身体不舒服？
3. 星期六我要去打工。

二、听录音，回答问题

女：你在干什么呢？

男：我在看书。

女：今天休息，你怎么还学习呢？

男：不学习干什么？

女：今天天气很好，我们一起去郊游吧！

男：行，你等我一会儿。

三、听录音，判断正误

男：你明天干什么？

女：还没有安排。你呢？

男：我的大学同学结婚，我要去参加婚礼。

女：在哪儿举行？

男：在九洲饭店旁边的明珠酒店。

女：为什么中国人喜欢在周末举行婚礼？

男：中国人结婚、搬家都喜欢选一个好日子。人们工作越来越忙，很多人就喜欢周末或节假日结婚，这样亲朋好友不用请假就能参加婚礼了。

四、听录音,选择正确答案

快到元旦了,我们准备去景山宾馆放松一下,先去游泳,然后吃饭,吃过饭去打保龄球。景山宾馆是一个多功能的四星级宾馆,我们吃、住、玩儿都可以在那里。

五、听录音,填空

好不容易又到周末了,这周末一定要好好儿地放松放松。这星期有期中考试,整整考了三天,忙了三天。星期天一定要去和平广场五楼电影院看场美国大片,然后去四楼川味馆大吃一顿。

六、听录音,整理句子

这个周末我请客,你们千万别客气。我们先吃饭,吃完饭唱唱歌,跳跳舞,反正第二天不上班,好好儿放松放松。

七、听录音,复述内容

校园的晚上很热闹,主楼前的广场有很多人,有老人,也有年轻人和孩子。他们的脸上露出幸福的笑容。操场上有很多人在运动,马路上有很多过往的学生。我喜欢这样的夜晚。

课文(三)

一、听录音,找出你听到的词语

1. 他家有两个卧室、一个客厅和一个书房。
2. 周末我在家听音乐、上网,或者出去爬山。
3. 今晚我请你去酒吧喝酒。

二、听录音,回答问题

女:请问家里有人吗?
男:是安妮啊,快请进。
女:你家真漂亮啊!三室两厅吧!

男:对,这是刚买的房子。以后常来吧!
女:你昨天上哪儿了?给你打手机关机,往家里打电话没人接。
男:我去书店了。下个月就参加HSK考试了,所以买了几本练习题。
女:对了,我也想买几本呢!我明天在网上书店看看。

三、听录音,判断正误

　　平常,人们工作、学习都很忙,心里感到很紧张,周末就想好好儿休息休息,放松一下。很多人会在家里睡个懒觉,做丰盛的饭菜,或者逛逛公园、郊游、看看电影、演出等等。可是有的人周末也得工作、学习,或者去打工赚钱。

四、听录音,选择正确答案

　　每个星期六,我都是七点起床,七点半出发去打工。上午从八点到十点给一个小学生辅导英语,下午从两点到四点给一个留学生辅导汉语。虽然有点儿累,可是我觉得很充实。星期天,我就可以好好儿睡个懒觉了。对我来说,周末和平时一样忙。

五、听录音,填空

　　又到周末了,应该放松放松。我打算一个人去郊游。听说这个季节去可以看到很多野生的鸟类。我看郊游是一个很不错的活动。对一个单身汉来说再好不过了。去之前应该好好儿准备准备,手机啦、旅行包啦、雨伞啦、旅游鞋什么的。

六、听录音,整理句子

男:明天周末,我们去看电影吧。
女:最近有什么片子?
男:我听说最近上演了一部新片子,名字挺长,叫什么我忘了。大家都说很不错。
女:哪方面的?
男:好像是爱情片儿,还是悲剧。

第七课　谈运动

课　文（一）

一、听录音，选择正确答案

　　1. 我和同屋一起去办公楼。
　　2. 我们每星期三下午一点半上体育课。

二、听录音，回答问题

　　我和安妮星期天去打保龄球。保龄球馆在学校旁边。我下午两点去找安妮。

三、听录音，判断正误

　　春天去爬山比较好，冬天长跑、夏天游泳都很不错。秋天不冷不热，什么运动都可以。

四、听录音，选择正确答案

　　我想学太极拳，可我朋友说那是老年人的运动。我觉得很多年轻人也喜欢太极拳，特别是留学生。

五、听录音，填空

　　我爸爸喜欢打太极拳，妈妈喜欢跳舞，妹妹喜欢游泳，我呢，喜欢打网球。

六、听录音，整理句子

　　女：昨天晚上的足球赛你看了吗？
　　男：看了。你也喜欢踢足球吗？
　　女：是啊，我喜欢踢足球，还喜欢打网球、爬山、游泳什么的。

七、听录音，复述内容

　　我喜欢打网球，星期六下午我常常和朋友去打网球。我还喜欢很多运动，比如爬山、游泳、踢足球什么的。我觉得运动对身体好。

课文(二)

一、听录音,选择正确答案

  1. 山姆每天晚上九点到校园的操场上运动。
  2. 我们去散步吧!
  3. 一年有两季运动会,春季和秋季。

二、听录音,回答问题

    王文上小学的时候爱踢足球,在中学爱打篮球,打得还不错,是校队队员。现在大学里有游泳馆、网球馆,王文又喜欢去这两个地方。

三、听录音,判断正误

  男:今天晚上天气很好,没有风,也不冷,咱们出去活动活动怎么样?
  女:刚吃完饭就运动不好,再说我的身体还没恢复,不能做剧烈运动。
  男:那我们就散散步吧,一边散步一边欣赏夜景。
  女:你还挺浪漫的!

四、听录音,选择正确答案

  女:除了打网球,你还喜欢别的运动吗?
  男:跑步、游泳、滑冰我都喜欢。
  女:怪不得你的身体这么棒。
  男:是啊,我从来不吃药,每天坚持锻炼身体。
  女:你每天什么时候锻炼?
  男:早晚两次。早晨打太极拳,晚上压压腿、跑跑步什么的。
  女:明天晚上我和你一起去。
  男:好,我去找你。

五、听录音,填空

    很多年轻人喜欢游泳,因为游泳能保持体形。老年人喜欢打太极拳,因为能健身。还有的人喜欢打高尔夫球,因为在环境优美的地方打球心情很舒畅。

六、听录音,整理句子

以前人们只是工作、学习,不重视运动,现在越来越多的人喜欢运动了,而且运动方式也各种各样,家庭健身也越来越流行了。

七、听录音,复述内容

王　兰:张大爷,这么早您去哪儿啊?
张大爷:我去公园打太极拳。
王　兰:这么冷的天也去呀? 不在家多睡会儿觉?
张大爷:人老了,觉也少喽!
王　兰:等我有时间,也跟您学学太极拳。
张大爷:那好啊,我一定教会你。

课文(三)

一、听录音,选择正确答案

1. 我在初中参加过跳高比赛,在高中参加过游泳比赛。
2. 大卫:玛丽,你参加过运动会吗?
   玛丽:我一直想参加,可是没有机会。
3. 大卫:马克,这次比赛想不想得冠军啊?
   马克:谁不想得冠军啊! 你看大家都很努力。

二、听录音,回答问题

男:你对围棋感兴趣吗?
女:我刚开始学,还不太会。
男:是吗? 我也刚入门儿,有机会咱们可以下一盘。
女:好啊! 咱们比比!
男:你看什么时间合适?
女:听你的。
男:星期五下午没事儿。

女：那我在活动室等你。
男：好，星期五见。

三、听录音，判断正误

早晨6:30李奶奶和王爷爷去早市买菜，这样既锻炼了身体，又可以回来做早饭。路上，他们碰见了王文，王文要去操场跑步。他们还看见张老师骑着自行车出去。张老师的学校离家很远，要很早就出门去上班，真是太辛苦了。

四、听录音，选择正确答案

李丽、王文和安妮坐在电视机前看一场足球比赛，是中国队对韩国队。现在场上比分是0：1，韩国队暂时领先。如果这场足球赛中国队负于韩国队，中国将不能参加最后的冠军争夺赛，只能争夺第三名，所以王文和李丽很着急。过了一会儿，中国队进球了，他俩高兴得跳了起来。

五、听录音，填空

大卫：这附近有健身房吗？
玛丽：我听说有足球场和篮球馆，还真没听说过有健身房。
王兰：我知道有个海水游泳馆，你可以去那儿。
玛丽：你去过吗？
王兰：去过一次，环境不错，水很干净，泳池也很标准。游泳之后，还可以就餐。
大卫：周末你带我们去吧！

六、听录音，整理句子

今天是三八妇女节，学校举行跳棋比赛，只许女老师参加。王老师和刘老师代表学院参加了。经过激烈竞争，最后王老师获得了全校第二名的好成绩。

七、听录音，复述内容

王文：你看操场上的人真多啊！

李丽:是啊,不看不知道,一看吓一跳。
王文:我说呀,你别整天待在家里,每天出来活动活动。
李丽:我不太喜欢运动,再说也耽误时间。
王文:可是你的身体更重要呀!如果生病了什么事也做不成了。
李丽:是啊,我也觉得身体越来越弱了。
王文:以后,咱俩每天一起锻炼吧。
李丽:好!听你的。

第八课　订房间　去旅游

课 文(一)

一、听录音,找出你听到的词语

1. 一个房间一晚 200 元。
2. 我 10 月 1 日想订一间双人房。
3. 你打算住多久?
4. 请问,你们下个星期一有空房间吗?

二、听录音,回答问题

男:我两天前在网上预订了房间,我叫大卫。
女:请等一下,我看看。我们给您订了 406 房间,带阳台。

三、听录音,选择正确答案

男:请问,你们有空房间吗?
女:你订什么时候的?
男:这个星期五的。
女:这星期没有了。
男:那什么时候有?
女:下个星期二。
男:好,我订两个单人房,我叫大卫。

四、听录音,填空

　　大卫想25号去北京,他的女朋友也去。他们今天去了火车站,买了两张25号中午的票。那是两张动车票。

五、听录音,判断正误

　　安妮想订一个双人房间,可双人间太贵了,她问服务员能不能便宜点儿,服务员说可以。

六、听录音,整理句子

王文:大卫,你回来了?

大卫:噢,是王文啊,我刚从西安回来。

王文:西安怎么样?

大卫:好极了。

王文:我也很想去,但现在没有时间。

大卫:没关系,等你有时间了咱们再一起去。

王文:你还想去啊?

课文(二)

一、听录音,找出你听到的词语

1. 请问,你们下星期一有空房间吗?
2. 今晚有双人房间吗?
3. 你能不能给我预订一个单人间?
4. 这个地方非常漂亮,你不能不去看一看。

二、听录音,回答问题

女:我想买一张30号去上海的火车票。

男:您要哪一趟?

女:十一点左右的高铁。

男:好,十一点零五开车,下午四点五十到。

女:多少钱?

男:二等座553块。

三、听录音,选择正确答案

男:如果我下午退房,是否还需要付今天的房租?
女:您中午12点前结账离开,就不必付今天的房租。
男:但如果我在12点以后结账呢?
女:您下午6点以前离开,就要付半天的房租。6点以后离开,就要付全天的房租。
男:我明白了,谢谢你。

四、听录音,填空

王文想去上海玩儿,他知道上海是个很美丽的城市。他和他的朋友大卫一起去。王文想买两张明天晚上去上海的船票,可是票已经卖完了,只好买了后天晚上的。

五、听录音,判断正误

大卫想去西安旅行。西安是中国有名的古都,有很多的名胜古迹,而且有很长的历史,再说,西安的小吃也很有名。大卫想找朋友一起去,可朋友们都没有时间,大卫只好自己去了。

六、听录音,整理句子

女:王文,你能给我介绍一下上海吗?
男:是智子啊,当然可以。上海可以去的地方太多了,最有名的就是豫园,它是很典型的中国园林,建于1559年到1588年。
女:远不远?
男:一点儿都不远,离这儿只有几公里。
女:还有什么好玩儿的地方?
男:你还可以去玉佛寺看看。
女:那儿一定是个很有意思的地方吧?
男:那当然,你还可以在那儿吃斋饭。
女:什么是斋饭?
男:就是全部用蔬菜或豆腐做的菜,没有鱼和肉。
女:我明白了。

课文(三)

一、听录音,找出你听到的词语

1. 这个周末我能不能订一间带阳台的单人间?
2. 你想要两张单人床还是一张双人床?
3. 可以给我订一个单人房间吗?我要住两个星期。
4. 这个旅馆最好的房间要多少钱?

二、听录音,回答问题

男:我上星期预订了房间,我叫山姆,从美国来。
女:是的,我们帮您订了560房间。
男:能看得见大海吗?我说过我要看得见大海的房间。
女:噢,对不起,我忘了,我可以帮您看看还有没有这样的房间。(查电脑)噢,您可以住506房间,那儿可以看见大海,而且阳光很好。

三、听录音,选择正确答案

女:下午好!您有什么事吗?
男:我要结账,请问现在可以把我的账结一下吗?
女:当然,请问,您叫什么名字?多少号房间?
男:大卫,1023房间。
女:好的,给您账单。
男:怎么这么多钱?是不是弄错了?你能帮我解释一下吗?
女:当然可以,这是您的房费,这是您的洗衣费,这是您打长途电话的费用。
男:噢,我知道了。
女:请问您怎么付账?现金还是信用卡?
男:信用卡吧。
女:好的,这是您的收据,欢迎您下次光临。

四、听录音,填空

女:王文啊,怎么这么多天没看见你了?你去哪儿了?

男：噢，是安妮啊，我去北京了。

女：你在北京待了多长时间？

男：一个礼拜。

女：北京怎么样？

男：太棒了，真不愧是首都，有那么多的名胜古迹。

女：你是怎么去的？

男：我觉得坐火车太慢了，是坐飞机去的。

女：北京天气怎么样？

男：挺好的，秋高气爽，正是旅游的好时候。

女：听你这么一说，我也想去了。

五、听录音，判断正误

苏州是中国古老的城市之一，又是中国最美丽的地方，正如中国的一句俗话说的："上有天堂，下有苏杭。"苏州离太湖不太远，城中有很多古运河。苏州的园林举世闻名，狮子林和拙政园是最著名的园林。

六、听录音，整理句子

男：早上好，有什么需要我帮忙的吗？

女：我们要去长城玩儿，怎么去好呢？

男：我们这儿有专门去八达岭长城的车。你们可以跟我们的车去，30分钟以后出发。

女：太好了，我们去准备一下。

（30分钟后，车出发了）

女：长城离北京有多远？

男：它在北京西北，距市区约60公里。车可以直接把我们带到长城脚下。

（到了长城）

女：啊，这就是有名的长城了。它有多高呀？

男：平均高度大约是7.5米。

女：多壮观的景色啊！长城有多长啊？

男：大约6000多公里。

女:怪不得大家叫它万里长城呢!长城有多少年历史了?
男:至少有两千多年了。中国有句俗话叫"不到长城非好汉"。现在我们都登上了长城。
女:我们都是好汉了。

第九课　旅　游

课 文(一)

一、听录音,找出你听到的词语

　1.我常来这儿买东西。

　2.那今天太感谢你了。

　3.这条街上商店可真多呀!

二、听录音,回答问题

　　儿童公园在西边。公园里很漂亮,有山有水。每个周末,很多孩子和爸爸妈妈一起去那儿玩儿。

三、听录音,判断正误

　　这个电影院是最大的,电影都是最新的,票也不太贵。我常来这儿看电影。

四、听录音,选择正确答案

　男:这儿的景色可真美呀!

　女:是啊,这是有名的公园。

　男:哎,那些人在干什么呢?

　女:噢,他们在打球呢!

五、听录音,整理句子

　　暑假我想去西安。那是有名的古都,有很多名胜古迹。听说去西安最好的季节是秋天。

六、听录音,填空

　　这儿最有名的商业街是天津街。那里有很多商店,有服装店,也有鞋店。星期天我常常到那儿买东西。

七、听录音,复述内容

　　安妮和大卫去旅行。他们到最热闹的商业街参观。大街上人很多,商店也很多。他们都觉得很有意思。

课文(二)

一、听录音,找出你听到的词语

1. 放心吧,我一定来。
2. 儿童公园真漂亮。
3. 我希望你努力学习。
4. 公园里的鲜花很漂亮。

二、听录音,回答问题

　　中山大街是有名的商业街。这里有很多商店和饭店,像华联商场、中山大厦、烤鸭店、四川饭店等都在这条商业街上。每天都有成千上万的顾客来这儿买东西、吃饭。

三、听录音,判断正误

　　天天海鲜饭店是本市最有名的饭店之一,共有6个分店。那家饭店的海鲜最好吃,但价格比较贵,因此我很少到那儿去吃饭。

四、听录音,选择正确答案

　　这座寺庙叫松山寺,是有名的佛教圣地。它已有1500多年的历史了。它是这个地区古代流传下来的几十座寺庙之一。每年都有成千上万的中外游客前来参观。

五、听录音,整理句子

男:你看见了吗?那就是长城。

女:啊!真壮观。长城到底有多长?

男:长城全长一万二千多里,所以叫它万里长城。

女:长城有多少年的历史了?

男:距今有两千多年的历史。

女:我觉得修长城的人真了不起。

男:对,古代中国人确实很伟大。

六、听录音,填空

西安是中国有名的六大古都之一,有着悠久的历史。历史上有很多朝代都把西安作为首都,所以西安的名胜古迹很多。

七、听录音,复述内容

男:你看,那就是中山广场。

女:哎呀,真漂亮!

男:是呀,中山广场是有名的音乐广场。

女:那一边听着音乐,一边欣赏着城市的美景,一定很有意思吧?

男:那当然啦,你看那绿色的草坪,还有成群的鸽子,多像是在画儿里呀!

女:是呀,周围还有那么多漂亮的建筑,真是太美了!

男:中山广场是这座城市的中心,主要街道又都以中山广场为中心。这与其他城市有很大的不同。

课文(三)

一、听录音,找出你听到的词语

1. 公园里的游人多得不得了。

2. 如果明天下雨,我们就不去了。

3. 我们坐公共汽车吧!

4. 谁知道那个公园在哪儿?

二、听录音,回答问题

　　这座火车站是50年前建造的,虽然旧,但是每天都有很多旅客从这里出发或到达。从这里始发的列车可以到达全国各地。最近,又新开通了三趟列车,这下可比以前更方便了。听说今年要对火车站进行翻建。一年以后,它将变成一座现代化的大型火车站。那时,它一定会更漂亮。

三、听录音,判断正误

1. 每年都有很多人来这儿参观。
2. 这家饭馆儿的川菜最有名。
3. 大连是个有名的旅游城市。
4. 公园里的人多极了。
5. 这儿可真热闹啊!
6. 这个地方有什么特产?
7. 我今天玩儿得太高兴了。
8. 你看,我们买了这么多东西!
9. 从这儿去机场大概要多长时间?
10. 这个城市的夜景可真漂亮啊!

四、听录音,选择正确答案

　　长白山天池是由于地壳运动,最终引发火山喷发而形成的天然湖泊,水深达几百米,湖水清澈透明。由于地形的原因,人们无法到达湖边观察湖水。如果遇到有雾的天气,人们甚至无法看到水面,但是如果是晴天,那么湖光山色,格外漂亮。天池的一侧在中国境内,另一侧在朝鲜境内。

五、听录音,整理句子

　　这个游泳场叫付家庄游泳场,是本市最大、最干净、最著名的海水浴场。每到夏季,这里就吸引了无数的海内外游客。除了游泳、钓鱼外,这里还为游客专门设立了海上快艇、滑水、空中飞艇等各种娱乐设施,让人饱享休闲娱乐的乐趣。

六、听录音,填空

中国位于东半球,地处亚洲东部,陆地与14个国家相邻,陆界总长22000多公里,大陆海岸线长18000多公里,全国陆地面积约960万平方公里,是亚洲最大的国家。中国南北相距约5500公里,北方的黑龙江省还是冰天雪地的季节时,南方的海南岛却是一片盛夏景象。

七、听录音,复述内容

劳动公园是这里最有名的公园,坐落于市中心。公园里绿树成荫,鲜花盛开,特别是到了每年的四月,公园里大片的樱花盛开,吸引成千上万的游人前来观赏,这里就变成了人的海洋,花的海洋,欢乐的海洋。现在劳动公园已经成了这座城市的象征。

第十课 谈出国

课 文(一)

一、听录音,找出你听到的词语

1. 玛丽从英国来。
2. 我下个月要去欧洲。
3. 我是法国人,我的家在巴黎。

二、听录音,回答问题

小王是中国学生,他想去英国学习半年。

三、听录音,判断正误

李美英是大学毕业生,她想到中国去旅行,昨天已经办好了护照。

四、听录音,选择正确答案

男:听说很多中国大学生都想出国?
女:是啊。
男:你打算出国吗?想去哪儿?

女：我想去法国。

男：你是中文系的学生,去法国做什么呢?

女：学习法语啊。

五、听录音,回答问题

我叫玛丽,在中国留学,是北京大学的学生。我去过哈尔滨、上海、昆明,就是没去过中国西部。

六、听录音,整理句子

我叫田中,明天就要出国了。我要到中国学习汉语,时间是半年。

七、听录音,复述内容

男：李丽,听说你后天就要出国了?

女：是的,后天早上八点就走。

男：去哪个国家?

女：去澳大利亚。

男：多长时间?

女：一年半。

课文(二)

一、听录音,找出你听到的词语

1. 听说新西兰非常漂亮。
2. 我们班的留学生主要是韩国人。
3. 我爱好旅游,明天我就要去俄罗斯了。

二、听录音,回答问题

我叫彼得,法国人。我爱好旅行。我是第一次来中国,打算在这里学习一年。

三、听录音,判断正误

山姆的足球踢得特别好,大家都喜欢他。他以前多次参加过比赛,去年他还去了巴西。

四、听录音,选择正确答案

女:听王老师说,你要提前回日本去?
男:是的,我们公司派我去欧洲工作,必须提前赶回日本。
女:你去过不少国家吧?
男:可不是。我还去过美国、英国、新西兰和法国。
女:真羡慕你!我也很想出国开开眼界!

五、听录音,回答问题

你们好!我叫马克,这位是山姆。上星期我们打算一起旅行,可是意见不一致,所以分开了。我坐火车从北京出发,经过西安、西宁到了新疆乌鲁木齐。山姆从北京到天津,又坐船到了青岛和上海。回北京后,我们互相介绍旅行见闻,有意思极了。

六、听录音,整理句子

我父母昨天来电话,让我提前回国找工作。我就要走了,真舍不得你们啊!可是我必须按时赶回去。再见了!

七、听录音,复述内容

男:玛丽,你是第一次出国吗?
女:不,这是第三次了。
男:真羡慕你!我是第一次出国,心里既高兴又担心。
女:我爱好旅游,所以经常到国外看看。我觉得这样可以增长见识,还能欣赏到各国的风景。

课文(三)

一、听录音,找出你听到的词语

1.年轻人谁不想出国啊?
2.山姆昨天晚上已经从中国回来了。
3.我很想到世界各地去看看,特别是欧洲,增长一下见识。
4.应该趁年轻,努力多学几种语言。

二、听录音,回答问题

　　田中是日本人。一年前他去过韩国和新加坡。今年他来到北京,在汉语短期班学习。他打算明年去美国。他觉得到各地走走,能增加自己的阅历和才干。

三、听录音,判断正误

　　安妮在英国的一个公司工作。为了增长见识,开开眼界,她和妹妹已经办好了护照。安妮去中国,妹妹去日本,下个月就出发。

四、听录音,选择正确答案

　　最近,日本打算派学生代表团到中国来访问,时间是半个月,目的是参观大学,了解一下中国大学生的学习和生活情况。

五、听录音,回答问题

　　现在的年轻人谁不想出国看看呢？拿我来说吧,做梦都想去看看法国、埃及和澳大利亚。可是它们分别在西欧、北非和大洋洲,什么时候才能如愿呢？

六、听录音,整理句子

　　到中国后,我发现一个挺有趣的现象。那就是很多大学生都想出国,所以他们都在拼命学习外语。我也觉得人应该趁年轻到世界各地去走走,这样可以增长见识。

七、听录音,复述内容

男$_1$：你想去哪个国家？
女：我喜欢欧洲,很想到法国和意大利看看。
男$_2$：我喜欢踢足球,真想到足球之乡巴西去看看！
男$_1$：我呢,不瞒你们说,如果我有钱,打算走遍全世界！
女：对！应该趁年轻到各地走走、看看。
男$_2$：可不是！这样可以增长见识,开开眼界。

第十一课 送 别

课 文（一）

一、听录音，选择正确答案

1. 男：时间过得真快呀！
   女：对，我们已经来了一个月了。
2. 男：欢迎你再来中国。
   女：我明年就来。
3. 男：车来了，上车吧。
   女：没关系，再等一会儿。
4. 男：我下星期一就回国了，再见。
   女：祝你一路平安。

二、听录音，选择正确的句子

1. 我们来中国一个月了，时间真快呀！
2. 有时间我一定会再来中国的。
3. 谢谢你来送我，再见！

三、听录音，判断正误

　　时间过得真快，下星期二我们就要回国了。这一个多月，我们学会了很多汉语。我们觉得汉语很有意思。

四、听录音，回答问题

男：智子，你要回国了，我来送你。
女：王文，谢谢你来送我。
男：几点的飞机？
女：早呢，下午四点的。
男：那我们去饭店吃点儿饭，我请客。

五、听录音,填空

一个多月的学习已经结束了。我今天下午就要回国了。我真喜欢这儿的生活。我真喜欢我的中国朋友。有时间我一定要再来看他们。

六、听录音,整理句子

大卫明天回美国,今天我来送他。我欢迎他再来中国。我祝他一路平安。

课文(二)

一、听录音,选择正确答案

1. 女:时间过得真快呀!已经是八月了。
   男:可不是,一转眼来中国两个月了。
2. 女:田中,你在这儿的生活和学习怎么样?
   男:时间虽短,收获可真不少。
3. 女:马克,你回国后打算做什么?
   男:我回去再过半年就毕业了。我得一边学习一边找工作。
4. 女:别太着急找工作,不是还要准备毕业论文吗?
   男:我要快点儿写完论文,不然找工作就没时间了。

二、听录音,选择正确的句子

1. 一个月的时间转眼就过去了,我该回国了。
2. 我们互相加微信保持联系吧。
3. 远什么呀,走着去吧。
4. 除了小王,我还有三位中国朋友。
5. 同学们想去上海,田中要去杭州。

三、听录音,判断正误

时间过得真快,我还记得去年刚入学时的情景,转眼间,我们就要毕业了。由于老师们的教导和帮助,我们的汉语水平提高了。除了学习,这一年学校还安排了参观游览活动,我们对中国更加了解了。

四、听录音,回答问题

(在饭店)

女:服务员,来半斤水饺,一个拼盘,两瓶啤酒。

男:谢谢你来送我,还请我吃饭。我真舍不得离开啊!

女:以后有的是机会。回国后有什么打算?

男:回国后继续学习,我才上大学二年级。毕业后找一份贸易方面的工作,和中国有关的。

女:你的想法不错。你学的是经济专业,学好了汉语,你的理想一定会实现的。来,为你的美好理想干杯!

男:为我们之间的友谊干杯!

五、听录音,填空

送礼物也是一门学问,送给谁,送什么都应该考虑。礼物除了送给朋友,还可以送给朋友家的孩子或老人,因为在中国家庭中,老人和孩子常常是最受关心和爱护的。给老人买点儿水果,给孩子买点儿玩具或者吃的,朋友一定会觉得你细心周到。

六、听录音,整理句子

学习结束的最后一节课上,老师让大家说一说自己最喜欢的工作。马克说他喜欢的工作是计算机方面的。田中觉得教师工作是很不错的,他准备当汉语教师。

课文(三)

一、听录音,选择正确答案

(一)

女:田中,你要回日本了,我也要回法国了,咱们得保持联系啊。

男:是啊,我们微信联系。我再留下你的电话号码和地址好吗?

女:我用微信发给你。

男:谢谢。安妮,我回国后要搬家,新的地址和电话号码等安定以后再告诉你。

（二）

女：今天我请客，想吃什么随便点。
男：我就怕点菜，看不懂菜名，中国人点菜都很容易吧？
女：哪儿啊，中国人不见得都会点，你相信吗？
男：怎么可能呢？点菜还不会呀？哪个菜好吃点哪个嘛。

（三）

女：什么季节，去哪家饭店，应点什么菜，都有一套学问呢！
男：除了这些，还有什么讲究呢？
女：点菜还要重视次序，一般应先点凉菜，后点热菜，再点主食和饮料。
男：还要看对象吧？
女：当然。吃饭人的口味各不一样，老人、小孩儿喜欢甜软的食物，女士喜欢素淡的菜肴。
男：那我这样的大小伙子呢？
女：你自己说呢？

二、听录音，选择正确的句子

1. 看你说到哪儿去了，这是我应该做的。
2. 尽管老师又讲了两遍，可我还是不明白。
3. 别难过，我们后会有期。
4. 花一百多元钱买一本词典值得。
5. 大卫认为这次旅游有美中不足之处。

三、听录音，判断正误

"留学生"这个词是怎么来的？为什么把外国学生叫做"留学生"呢？原来这个词是日本人创造的。中国在唐朝时经济发达，科学文化水平也很高，日本政府多次派使者和学生到中国访问。访问结束后，使者们回国了，学生们却仍然留在中国学习唐朝的文化，这些留下来的学生就叫做"留学生"。

四、听录音,选择正确答案

1. 男:听说这座楼很不错,上下有电梯,多方便哪!
   女:好什么呀,一天连个人也见不着。
2. 男:你帮我买来了这本书,太谢谢你了!
   女:客气什么呀。
3. 男:我们的女儿考上北京大学了!
   女:真的吗?真没想到。这几天我是吃不好也睡不好啊。
4. 男:我来向你告别,明天回国。
   女:什么?你不是告诉我下个月回国吗?出什么事了吗?
5. 男:今天晚饭不用做了,我买了几个包子回来。
   女:怎么又是包子啊?
6. 男:再多吃点儿,吃完马上去机场。
   女:就要分别了,谁还吃得下呢?

五、听录音,回答问题

(在机场)

女:哎呀!都三点二十了!小王,多亏你想得周到,咱俩出发得早,不然可就晚了。

男:咱俩虽说动身不算晚,可路上堵车太厉害,急了我一头汗。

女:真不好意思,让你受累了。

男:你都说到哪儿去了,快排队办登机手续吧。

女:哎,我的护照放哪儿了?临来时还看见了呢。

男:你不是从背包里拿出来又放进手提包里去了吗?再好好儿找找。

女:可不是,我真是个马大哈。

六、听录音,填空

我已经习惯了这里的生活。我能用汉语写作文、发微信了。我发微信告诉父母不要为我担心。我们同学之间互相帮助,十分友好。中国的名胜古迹很多,历史悠久。学习结束后,我要去旅行。我将带着更多的收获回国。美中不足的是一个月的时间实在太短了。

生词总表

Vocabulary

A		
阿奇霉素	3—3	
爱好	10—2	

B		
拔	3—2	
保持	11—2	
保龄球	7—2	
报警	2—3	
报名	2—2	
悲剧	5—3	
比喻	5—3	
必须	10—2	
便宴	11—3	
标准	4—3	
标准间	8—3	
表演	5—3	
病	3—1	
不仅……而且	9—2	
不用	1—3	
不周	11—2	

C		
才干	10—3	
彩色	1—3	
参观	9—2	
插	2—1	
长城	8—2	
长途	2—3	
唱	5—1	
朝	8—3	
车票	8—1	
称	9—3	
成	1—3	
成千上万	9—3	
出国	10—1	
除了	7—3	
聪明	7—2	
从来	7—3	

D		
打电话	2—1	
打工	6—3	
大部分	6—3	
大开眼界	10—2	
大约	8—1	
待	7—2	
大夫	3—1	
单身汉	6—3	
得	3—1	
的确	11—3	
地址	11—2	
典礼	11—3	
电子邮件	2—1	
调儿	5—3	
掉	3—2	
丢	2—3	
动车	8—1	
锻炼	7—1	
对……感兴趣	5—1	
顿	6—1	

F		
发	2—1	
发烧	3—1	
法儿	3—3	
发型	1—2	
反复	4—3	
反正	5—2	
分别	11—1	
丰盛	11—3	
风沙	8—2	
服装	9—1	

辅导班	2—2	后会有期	11—2	觉得	5—1
G		护士	3—2	**K**	
赶	10—2	护照	2—1	开玩笑	5—3
感冒	3—1	花朵	9—2	科	3—2
高铁	8—1	欢迎	1—1	颗	3—2
告别	11—2	换	3—3	咳嗽	3—1
歌	5—1	会	5—1	可	9—1
歌星	5—2	会话	4—3	可笑	10—3
公费	10—1	**J**		课余	4—2
公寓	2—2	机会	4—2	恐怕	8—3
功夫	7—3	基础	4—2	口服	3—3
供应	8—3	激动	11—3	口腔	3—2
故	9—3	继续	11—2	口语	4—1
顾不上	2—2	坚持	7—3	扣钱	2—1
挂	3—2	剪发	1—1	快递	6—2
关机	2—2	简单	1—2	**L**	
光临	1—1	见识	10—2	落	2—3
广播	4—2	讲	5—3	来	9—1
逛街	6—2	交谈	4—1	来历	9—3
国际	2—3	骄傲	9—2	来自	9—3
国外	2—1	阶段	4—3	缆车	9—3
过	6—1	接待	9—3	烂	3—2
过敏	3—3	结业	11—3	理发	1—1
H		紧张	11—3	理发师	1—1
汉字	4—3	尽量	4—2	联欢	5—3
好好儿	6—1	进步	4—3	联系	11—2
好听	5—1	经验	4—2	《梁祝》	5—3
好像	1—1	酒红色	1—3	量	3—1
红	5—2	就	4—3	临	11—3
洪亮	5—2	举	7—3	流量	2—3
后果	3—3	巨大	11—3	流行	1—3

生词总表
Vocabulary

留	11-2	浅	1-3	送行	11-3
路由器	2-3	情人	5-3	俗话	7-2
络绎不绝	9-2	请进	1-1	**T**	
落后	10-3	**R**		太极拳	7-3
M		染	1-3	探亲	10-2
麻药	3-2	热闹	9-1	烫发	1-2
瞒	10-3	认为	4-1	趟	8-1
满	8-3	入座	11-3	特点	8-2
美好	9-2	**S**		疼	3-1
美中不足	11-3	散步	7-2	体温	3-1
免费	8-3	山脉	9-3	添麻烦	2-2
民歌	5-1	商业	9-1	听	4-1
民间	5-3	上车	11-1	听力	4-1
明天见	6-1	上网	2-1	偷	2-3
《茉莉花》	5-3	捎	2-2	退票	5-2
N		烧	3-1	托	2-2
内科	3-3	稍	1-2	**W**	
年轻	10-3	身体	7-1	外国	5-2
O		深	11-3	丸儿	3-3
哦	2-1	神秘	10-3	网球	7-1
欧洲	10-2	胜地	9-3	旺季	8-3
P		收获	4-3	未来	11-3
爬山	7-1	手机卡	2-1	闻名	9-2
派	10-1	首	5-1	**X**	
盘发	1-2	属于	9-3	西药	3-3
陪	1-3	刷卡机	1-2	希望	9-2
拼命	10-3	顺便	2-2	洗头	1-1
平安	11-1	说	4-1	下个月	10-1
Q		四合院	8-2	下棋	7-3
其实	4-3	寺庙	9-3	下载	5-3
千万	6-3	似懂非懂	4-3	仙人台	9-3

301

鲜艳	9—2	一起	6—1	再说	3—3
现金	1—3	一言为定	6—2	糟	2—3
羡慕	10—2	一转眼	6—2	怎么	3—1
相传	9—3	移动公司	2—3	增长	10—2
想象	11—3	音乐	5—1	照顾	11—2
向……学习	4—1	印度	10—2	值得	11—3
像……一样	8—2	印象	11—3	中外	9—2
小提琴协奏曲	5—3	影响	4—2	中药	3—3
小偷儿	2—3	尤其	4—3	周	2—2
些	6—1	由	9—3	周到	11—3
鞋	9—1	游览	11—2	祝	11—1
欣赏	10—2	游泳	7—1	转告	2—2
行	1—1	余	9—3	转	6—3
Y		语法	4—3	赚钱	6—3
牙	3—2	浴室	8—3	准确	4—2
哑铃	7—3	预习	4—2	自费	10—1
严重	3—3	月初	2—1	自豪	9—2
演唱	5—2	阅历	10—3	自助取款机	6—3
演讲比赛	2—2	越来越	9—2	走马观花	11—3
阳台	8—3	运动	7—1	组成	9—3
药物	3—3	运动量	7—2	作为	9—2
要紧	3—1	运气	5—2	作业	4—2
要命	3—2	**Z**		做头发	1—1
一路	11—1	再	1—2		